建筑技术工人（动漫）系列教材

工程安全事故案例解析

贺铭　陈增顺　主编

中国财经出版传媒集团
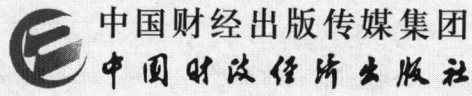

图书在版编目（CIP）数据

工程安全事故案例解析 / 贺铭，陈增顺主编 . —北京：中国财政经济出版社，2019.5

建筑技术工人（动漫）系列教材

ISBN 978 – 7 – 5095 – 7288 – 7

Ⅰ.①工… Ⅱ.①贺… ②陈… Ⅲ.①建筑工程 – 安全事故 – 案例 – 技术培训 – 教材 Ⅳ.①TU714

中国版本图书馆 CIP 数据核字（2017）第 029732 号

责任编辑：马立祥　　　　　　　　　责任校对：李　丽
封面设计：北京兰卡绘世　　　　　　版式设计：董生平

中国财政经济出版社 出版

URL：http://www.cfeph.cn

E – mail：cfeph@cfeph.cn

（版权所有　翻印必究）

社址：北京市海淀区阜成路甲28号　邮政编码：100142

营销中心电话：010 – 88191537

北京财经印刷厂印刷　各地新华书店经销

787×1092 毫米　16 开　17 印张　209 000 字

2019年5月第1版　2019年5月北京第1次印刷

定价：49.00 元

ISBN 978 – 7 – 5095 – 7288 – 7

（图书出现印装问题，本社负责调换）

本社质量投诉电话：010 – 88190744

打击盗版举报热线：010 – 88191661　QQ：2242791300

指导委员会

主　任　姚　兵

委　员　(按姓氏笔画排序)

丁士昭　王凤君　王松波　古琳娜　朱和平
刘景元　许孟斌　时建民　杨存成　李纯刚
李　健　肖　星　忻国梁　张宁宁　陈英松
范越林　林　滨　孟宝良　赵东晓　赵泽生
姚宽一　贾亚利　殷时奎　高　天　黄大友
章雪儿　解国风　熊士泊

编写委员会

主　编　缪长江

编　委　(按姓氏笔画排序)

王学军　王晓峥　王清训　王新玲　卢中一
成　银　刘雪莹　刘豫黔　许　鹏　孙继德
杨　柳　杨智慧　何佰洲　闵世杰　张云富
周　琪　庞南生　贺　铭　敖永杰　曹开伟
崔元彪　程　敏　程琦然　焦永达

开篇的话

建筑业是国民经济的支柱产业，为国家经济发展和社会进步提供坚实的物质技术基础。从这个意义上讲，建设工程质量在一定程度上决定着国民经济发展的质量和效益，而工程质量的优劣取决于施工一线操作工人的技能和水平，尤其是建筑工匠的规模和素质。

我国建筑产业工人是一个很特殊的社会群体，它是产生建筑工匠的摇篮。伴随着改革开放和城镇化的大潮，农村富余劳动力转移进城，一展自己的手工技艺。一个人走出来，一群人走出来；一代人走出来，两代人走出来，为社会默默无闻地奉献。在中国960万平方公里的土地上、在所有城镇的建设工地中，几乎都有农民工的身影。他们是我国经济发展、社会进步的拓荒者——在空旷的荒野上鳞次栉比的高楼大厦拔地而起，而自己却栖息在简陋的工棚中；他们是现代建筑知识大厦的攀登者——高大新奇的智能化、信息化建筑日新月异，建筑农民工成了知识贫乏的代名词和游离于城市与乡村的边缘者；他们在法规建设、管理经验、安全措施、技术手段等还不十分健全的行业里，蘸着汗水和鲜血写就了安全与质量的无字教材；他们中绝大多数只有小学、初中学历，却过早地担负起家庭和社会的重任；他们承载传统、恪守道义，称得上是中国建设事业的钢筋铁骨！

  这个特殊的群体，他们渴求知识和文化，这是转化为大国工匠和城市市民的必要准备，也是融入都市社会的必经之路。建筑技术工人（动漫）系列教材正是在这种背景下应运而生。这套丛书的出版不仅填补了我国建筑业技术施工人员培训发展史上的空白，而且也是我国传统产业工人培训教育的一个伟大创举。它对于推动建筑工人产业化、职业化，对于壮大中国建筑工匠队伍将产生重大影响，在中国建筑业和工程建设史上具有里程碑意义。

  鉴于此，我希望将此套丛书推荐给业界同仁学习和参考，特别推荐给建筑产业工人培训机构、施工企业和中高等技术专科学校的学生使用和参考。

姚 兵
2019 年 5 月

序

建筑业是国民经济的支柱产业之一，建筑业的发展变化不仅将带动和影响着相关的五十多个行业的发展变化，而且也直接影响到国民经济的起伏波动，因而建筑业素有国民经济的"晴雨表"之说。

目前我国建筑业从业人员有5000万之众，其中80%~90%来源于农村剩余劳动力转移而形成的建筑农民工。这支庞大的建筑施工队伍要支撑每年数十万亿元的固定资产投资项目，为国民经济发展提供了坚实的物质技术基础。建设工程百年大计，质量第一，为了确保工程施工质量和安全，提高建筑施工人员的综合素质和操作技能势在必行、刻不容缓。

为了打造一支作风顽强、技术高超的职业化的建筑产业大军，我们组织相关协会/学会、高等院校、科研院所和企业的专家学者共同编写了这套以动漫为特征、多种媒体为手段的建筑技术工人（动漫）系列教材。该套教材分为砌筑工、石工、混凝土工、钢筋工、架子工、防水工、机械设备安装工、电气设备安装工、高空作业操作工、管工、木工、油漆工、抹灰工、镶贴工、门窗工、幕墙工、模板工、电工、焊工、起重工、爆破工、测量工、古建筑、桩机操作工、除尘工、工程安全事故案例解析、工程质量事故案例解析和法律法规选编等28册。

本套教材适用于从事建筑施工中等以上技术工人岗位培训，同时也可作为中、高等建筑专业技术学校的学生参考用书。

本套丛书有配套的网络增值服务，可以通过扫描封底的二维码关注。

由于编者水平有限，疏漏之处在所难免，敬请读者批评指正。

编委会

2019年5月

前言

《工程安全事故案例解析》一书，是从近年来发生的诸多安全事故中精选具有代表性的安全事故案例，通过简介事故经过，分析事故发生的直接和间接原因，指出违反安全操作规程的具体错误，提醒工程一线从业人员吸取安全事故教训。

全书收集工程安全事故案例共68例，其中：工程特重大综合安全事故4案例、工程坍塌安全事故16案例、模板坍塌安全事故18案例、机械伤害安全事故20案例、高处坠落安全事故5案例、其他安全事故5案例。

希望通过本书的出版，帮助工程一线从业人员从安全技术、安全知识、施工常识等方面提高安全意识和防范安全事故能力，从而避免和减少悲剧重演。

本书由贺铭、陈增顺主编。参加编写人员有：董莉莉、岳皎、冯瑞胜、徐湃、吴磊。全书由贺铭统稿。

本书编写时还得到了刘元一的大力支持，特此感谢。

由于编写水平及经验所限，在编撰过程中难免有疏漏或错误，敬请读者批评指正。

作者

2019年5月

目录

1 工程特重大综合安全事故案例 / 1

1.1 湖南省凤凰县"8·13"大桥坍塌事故 / 1

1.2 北京市"12·29"清华附中体育馆坍塌事故 / 7

1.3 重庆市綦江县彩虹桥整体垮塌事故 / 12

1.4 山东省青岛市"11·22"中石化东黄输油管道泄漏爆炸事故 / 18

2 工程坍塌安全事故案例 / 30

2.1 北京市"3·28"地铁坍塌事故 / 30

2.2 青海省西宁市"4·27"边坡坍塌事故 / 34

2.3 安徽省合肥市"5·30"沟槽坍塌事故 / 38

2.4 湖南省永州市"9·21"楼房坍塌事故 / 40

2.5 黑龙江省大庆市"8·6"围墙倒塌事故 / 44

2.6 山东省文登市"6·6"景观桥坍塌事故 / 47

2.7 北京市海淀区"2·21"临建房屋坍塌事故 / 51

2.8 云南省景谷县"2·21"房屋倒塌事故 / 55

2.9 重庆市南岸区"1·17"边坡坍塌事故 / 58

2.10 广西大化"9·19"模板支架坍塌事故 / 61

2.11 崇左市天等县"6·18"坍塌事故 / 62
2.12 南宁市"3·26"脚手架坍塌事故 / 64
2.13 湖北省襄樊市"1·16"沟槽坍塌事故 / 66
2.14 黑龙江省哈尔滨市"1·4"基坑坍塌事故 / 70
2.15 甘肃省定西市"7·4"化粪池坍塌事故 / 74
2.16 东营市"4·28"坍塌事故 / 77

3 模板坍塌安全事故案例 / 83

3.1 西安市凯玄大厦附着式脚手架倒塌事故 / 83
3.2 湖南省长沙市"4·30"模板坍塌事故 / 86
3.3 广西桂县"5·13"模板坍塌事故 / 89
3.4 重庆市秀山县"12·4"模板坍塌事故 / 92
3.5 天津市开发区"5·13"模板坍塌事故 / 96
3.6 陕西省宝鸡市"3·13"模板坍塌事故 / 99
3.7 湖北省荆州市"12·21"模板坍塌事故 / 103
3.8 河南省光山县"12·19"模板支架坍塌事故 / 107
3.9 广西壮族自治区南宁市"2·12"模板坍塌事故 / 110
3.10 山东省聊城市"10·2"模板坍塌事故 / 114
3.11 山东省淄博市"9·30"模板坍塌事故 / 118
3.12 广东省佛山市"9·1"模板坍塌事故 / 121
3.13 甘肃省兰州市"8·31"模板坍塌事故 / 124
3.14 江苏省溧阳市"8·24"模板坍塌事故 / 128
3.15 辽宁省大连市"5·19"模板坍塌事故 / 131
3.16 西安市华侨商店拆除引发坍塌事故 / 136
3.17 ×××市嘉社大厦脚手架坍塌事故 / 138
3.18 江苏省射阳县"1·15"脚手架坍塌事故 / 142

4 机械伤害安全事故案例／146

4.1 湖北"9·13"升降机伤害事故／146

4.2 山东省淄博市"10·10"塔吊倒塌事故／152

4.3 福建省宁德市"10·30"起重伤害事故／156

4.4 陕西省宝鸡市"7·14"塔吊倒塌事故／161

4.5 北京市朝阳区"4·30"起重伤害事故／165

4.6 湖北省鄂州市"3·22"起重伤害事故／168

4.7 塔吊碰撞事故／171

4.8 浙江省上虞市"1·7"起重伤害事故／174

4.9 黑龙江省哈尔滨市"7·14"物料提升机吊笼坠落事故／177

4.10 重庆市万州区"6·21"塔吊倒塌事故／179

4.11 黑龙江省双鸭山市"4·12"塔吊倒塌事故／182

4.12 浙江省杭州市"2·2"升降机吊笼坠落事故／186

4.13 黑龙江省牡丹江市"9·10"起重伤害事故／189

4.14 河北省石家庄市"8·19"塔吊倒塌事故／192

4.15 陕西省西安市"5·2"起重伤害事故／195

4.16 浙江省湖州市"3·22"塔吊伤害事故／198

4.17 云南省文山州"3·17"塔吊倒塌事故／202

4.18 北京市朝阳区"2·27"起重机料斗坠落事故／205

4.19 江苏省无锡市"1·11"塔机倒塌事故／208

4.20 塔吊安全事故／212

5 高处坠落安全事故案例 / 216

5.1 天津市宝坻区"11·30"高处坠落事故 / 216

5.2 宁夏回族自治区银川市"10·7"高处坠落事故 / 219

5.3 四川省绵阳市"2·21"高处坠落事故 / 222

5.4 脚手架上高处坠落事故 / 225

5.5 黑龙江"5·15"高处坠落事故 / 233

6 其他安全事故案例 / 236

6.1 安徽省合肥市"7·9"中毒事故 / 236

6.2 湖北省武汉市"5·1"物体打击事故 / 239

6.3 南宁市"8·9"物体打击事故 / 242

6.4 内蒙古自治区巴彦淖尔市"7·2"中毒事故 / 243

6.5 河北省石家庄市"5·31"触电事故 / 246

跋 / 250

1 工程特重大综合安全事故案例

1.1 湖南省凤凰县"8·13"大桥坍塌事故

一、事故简介

2007年8月13日,湖南省凤凰县堤溪沱江大桥在施工过程中发生坍塌事故,造成64人死亡、4人重伤、18人轻伤,直接经济损失3974.7万元。堤溪沱江大桥全长328.45m,桥面宽13m,桥墩高33m,设3%纵坡,桥型为4孔65m跨径等截面悬链线空腹式无铰拱桥,且为连拱石桥。

2007年8月13日,堤溪沱江大桥施工现场7支施工队、15名施工人员正在进行1~3号孔主拱圈支架拆除和桥面砌石、填平等作业。施工过程中,随着拱上荷载的不断增加,1号孔拱圈受力较大的多个断面逐渐接近和达到极限强度,出现开裂、掉渣,接着掉下石块。最先达到完全破坏状态的0号桥台侧2号腹拱下方的主拱断面裂缝不断张大下沉，下沉量最大的断面右侧拱段（1号墩侧）带着2号横墙向0号台侧倾倒，通过2号腹拱挤压1号腹拱，因1号腹拱为三铰拱，承受挤压能力最低而迅速破坏下塌。受连拱效应影响，整个大桥迅速向0号台方向坍塌，坍塌过程持续了大约30秒。

根据事故调查和责任认定，对有关责任方作出以下处理：建设单位工程部长、施工单位项目经理、标段承包人等24名责任人移交司法机关依法追究刑事责任；施工单位董事长、建设单位负责人、监理单位总工程师等33名责任人受到相应的党纪、政纪处分；建设、施工、监理等单位分别受到罚款、吊销安全生产许可证、暂扣工程监理证书等行政处罚；责成湖南省人民政府向国务院作出深刻检查。

"8·13"大桥坍塌事故现场（一）

"8·13"大桥坍塌事故现场（二）

二、原因分析

1. 直接原因

堤溪沱江大桥主拱圈砌筑材料不满足规范和设计要求,拱桥上部构造施工工序不合理,主拱圈砌筑质量差,降低了拱圈砌体的整体性和强度。随着拱上施工荷载的不断增加,造成1号孔主拱圈靠近0号桥台一侧拱脚区段砌体强度达到破坏极限而崩塌,受连拱效应影响最终导致整座桥坍塌。

2. 间接原因

(1) 建设单位严重违反建设工程管理的有关规定,项目管理混乱。一是对发现的施工质量不符合规范、施工材料不符合要求等问题,未认真督促整改。二是未经设计单位同意,擅自与施工单位变更原主拱圈设计施工方案,且盲目倒排工期赶进度、越权指挥施工。三是未能加强对工程施工、监理、安全等环节的监督检查,对检查中发现的施工人员未经培训、监理人员资格不合要求等问题未督促整改。四是企业主管部门和主要领导不能正确履行职责,疏于监督管理,未能及时发现和督促整改工程存在的重大质量和安全隐患。

(2) 施工单位严重违反有关桥梁建设的法律法规及技术标准,施工质量控制不力,现场管理混乱。一是项目经理部未经设计单位同意,擅自与业主单位商议变更原主拱圈施工方案,并且未严格按照设计要求的主拱圈砌筑方式进行施工。二是项目经理部未配备专职质量监督员和安全员,未认真落实整改监理单位多次指出的严重工程质量和安全生产隐患;主拱圈施工不符合设计和规范要求的质量问题突出;主拱圈施工各环在不同温度无序合龙,造成拱圈内产生附加的永存的温度应力,削弱了拱圈强度。三是项目经理部为抢工期，连续施工主拱圈、横墙、腹拱、侧墙，在主拱圈未达到设计强度的情况下就开始落架施工作业，降低了砌体的整体性和强度。四是项目经理部技术力量薄弱，现场管理混乱。五是项目经理部的直属上级单位未按规定履行质量和安全管理职责。六是施工单位对工程施工安全质量工作监管不力。

（3）监理单位违反有关规定，未能依法履行工程监理职责。一是现场监理对施工单位擅自变更原主拱圈施工方案，未予以坚决制止。在主拱圈施工关键阶段，监理人员投入不足，有关监理人员对发现施工质量问题督促整改不力。不仅未向有关主管部门报告，还在主拱圈砌筑完成但拱圈强度资料尚未测出的情况下，即在验收砌体质检表、检验申请批复单、施工过程质检记录表上签字验收合格。二是对现场监理管理不力。派驻现场的技术人员不足，半数监理人员不具备执业资格。对驻场监理人员频繁更换，不能保证大桥监理工作的连续性。

（4）承担设计和勘察任务的设计院，工作不到位。一是违规将地质勘察项目分包给个人。二是前期地质勘察工作不细，设计深度不够。三是施工现场设计服务不到位，设计交底不够。

（5）有关主管部门和监管部门对该工程的质量监管严重失职、指导不力。一是当地质量监督部门工作严重失职，未制订质量监督计划，未落实重点工程质量监督责任人。对施工方、监理方从业人员培训和上岗资格情况监督不力，对发现的重大质量和安全隐患，未依法责令停工整改，也未向有关主管部门报告。二是省质量监督部门对当地质量监督部门业务工作监督指导不力，对工程建设中存在的管理混乱、施工质量差、存在安全隐患等问题失察。

（6）州、县两级政府和有关部门及省有关部门对工程建设立项审批、招投标、质量和安全生产等方面的工作监管不力，对下属单位要求不严，管理不到位。一是当地交通主管部门违规办理工程建设项目在申报、立项期间的手续和相关文件。二是该县政府在解决工程征迁问题、保障施工措施不力，致使工期拖延，开工后为赶

进度，压缩工期。三是当地政府在工程建设项目立项审批过程中，违反基本建设程序和招投标法的规定。对工程建设项目多次严重阻工、拖延工期及施工保护措施督促解决不力，盲目赶工期，又对后期实施工作监督检查不到位。四是省级主管部门履行工程质量和安全生产监管工作不力。违规委托设计单位编制勘察设计文件；违规批准项目开工报告；对省质监站、公路局管理不力，督促检查不到位；对工程建设中存在的重大质量和安全隐患失察。

三、事故教训

1. 有法不依、监管不力

地方政府有关部门，建设、施工、监理、设计单位都没有严格按照《中华人民共和国建筑法》、《建设工程安全生产管理条例》等有关法规的要求进行建设施工。主要表现在施工单位管理混乱、建设单位抢工期、监理单位未履行监理职责、勘察设计单位技术服务不到位、政府主管部门安全和质量监管不力等。

2. 忽视安全、质量工作，玩忽职守

与工程建设相关的地方政府有关部门、建设、施工、监理、设计等单位的主要领导安全和质量法制意识淡薄，在安全和质量工作中严重失职，安全和质量责任不落实。

这是一起由于擅自变更施工方案而引发的生产安全责任事故。这起事故的发生，暴露了该项目的建设、施工、监理单位等相关责任主体不认真履行相关的安全责任和义务，没有按照国家法律法规和工程建设的质量安全标准、规范、规程等进行建设施工。企业负责人和相关人员法制意识淡薄、安全生产责任制不落实。我们应吸取事故教训，做好以下几方面的工作：

（1）工程建设参建各方应认真贯彻落实《中华人民共和国建

筑法》等法律、法规，严格执行质量规程、规范和标准，认真落实建设各方安全生产主体责任。加强安全和质量教育培训等基础工作，加强隐患排查和日常监管，强化责任追究，建立事故防范长效机制，控制和减少伤亡事故的发生。

（2）明确甲方主体责任。建设单位作为建设工程主体之一，也应严格履行安全生产主体责任。一方面要加强对安全生产法律法规的学习，强化安全和质量法制意识，认真贯彻落实安全生产法律法规和技术质量规程标准。另一方面要建立有效的安全质量监管机制，通过全面协调设计、施工、监理等单位，切实加强质量和安全工作。

（3）强化施工技术管理。施工单位要严格按照施工规范和设计要求进行施工，不得任意变更；要加强技术管理，编制详细的施工组织设计方案、质量控制措施、安全防范措施；加大技术培训力度，提高施工人员素质；加强对原材料选择、砌筑工艺、现场质量控制等关键环节的管理。

（4）重点强化监理职责。监理单位要切实提高监理人员的业务素质，认真履行监理职责，严格执行各项质量和安全法规、技术规范、标准，重点加强对原材料质量、工程项目施工关键环节、关键工序的质量控制，对发现的现场质量和安全问题要坚决纠正并督促整改。

（5）加强技术服务与支持。设计单位要认真执行勘察设计规程和有关标准规范，加强设计后续服务和现场技术指导，要扎实做好工程地质勘察工作，对关键工序的施工要进行细致的技术交底。

（6）严格依法行政。地方政府和主管部门要坚持"安全发展"的原则，充分考虑工程项目的安全可靠性，要科学地组织和安排工期，坚决纠正凭主观臆断，倒排工期抢进度的行为，依法履行职责，杜绝违章指挥；加强对工程招投标的管理，严格市场准入，规范建设市场秩序，强化对重大基础设施的隐患排查和专项整治，强化日常安全监管。

1.2 北京市"12·29"清华附中体育馆坍塌事故

一、事故简介

清华附中体育馆及宿舍楼工程,总建筑面积 2.066 万 m²,是集体育、住宿、餐厅、车库为一体的综合楼;建筑地上五层、地下两层。A 单位为建设单位,B 公司是总包单位。

根据现场勘验,事发部位位于基坑 3 标段,深约 13m、宽约 42.2m、长约 58.3m。事发前,已完成基坑南侧 1、2 两段筏板基础浇筑,以及 3 段下层钢筋绑扎、马凳安放等工作;马凳横梁与基础底板上层钢筋网大多数未固定;马凳脚筋与基础底板下层钢筋网少数未固定;上层钢筋网上多处存有堆放钢筋物料的现象。事发时,上层钢筋整体向东侧位移并坍塌,坍塌面积 2000 余平方米。

2014 年 6 月,B 公司通过招投标方式获得了该体育馆及宿舍楼建筑工程。之后,B 公司与 C 公司签订了内部经济责任承包合同,C 公司成为该工程实际控制人。该工程由 C 公司组织施工,同年 6 月,建设单位 A 委托 E 公司担任监理单位。

同年 10 月,C 公司与 D 劳务公司法定代表人违规签订了建设工程施工劳务分包合同,并将分包合同内容扩大。

2014 年 12 月 28 日 17 时许至 22 时许,钢筋组长向班长请示,并报施工队长同意后,指示塔吊信号工往基坑内基础底板上层钢筋网上吊装 21 捆钢筋。第二天(29 日)7 时许,又吊装 3 捆钢筋。上述吊装钢筋并未按照施工方案规定逐根散开码放。

29 日 8 时许,基础底板钢筋体系失稳整体发生坍塌,将在底板基础钢筋体系内作业的多名工人挤压在上下层钢筋网之间,导致 10 人死亡、4 人受伤。

"12·29"体育馆工程坍塌现场(一)

"12·29"体育馆工程坍塌现场(二)

二、原因分析

1. 直接原因

(1)未按要求堆放物料、制作布置马凳,马凳与钢筋未形成完整的结构体系，致使基础底板钢筋整体坍塌，是导致事故发生的直接原因。

施工时违反《钢筋施工方案》第 7.7 条规定，将整捆钢筋物料直接堆放在上层钢筋网上，施工现场堆料过多，局部过于集中，导致马凳立筋失稳，产生过大的水平位移，引起立筋上、下焊接处断裂；

现场制作的马凳所用钢筋直径从《钢筋施工方案》要求的 32mm 减小至 25mm 或 28mm，现场马凳布置间距为 0.9m～2.1m，与要求的 1m 严重不符，且布置不均、平均间距过大；马凳立筋上、下端焊接欠饱满。

（2）施工现场管理缺失，备案项目经理长期不在岗、专职安全员配备不足，经营管理混乱，监理不到位等为事故间接原因。

2. 间接原因

导致事故发生的间接原因为，项目经理长期未到岗履职，技术交底缺失，经营管理混乱，致使不具备项目管理资格和能力的杨某成为项目实际负责人，客观导致施工现场缺乏专业知识和能力的人员统一管理的局面；监理不到位，对项目部安全技术交底和安全培训教育工作监理不到位，致使施工单位使用未经培训的人员实施钢筋作业。

2015 年 12 月 21 日，此安全事故一审宣判。法院以重大责任事故罪分别判处涉案工程实际控制人杨某等 15 名被告人 3 年至 6 年不等的有期徒刑，其中一人被判缓刑。

三、事故教训

1. 微妙而又复杂的多方关系

该坍塌事故最终认定的责任单位分别包括，建设单位 A、总包单位 B 公司、劳务分包单位 D、监理单位 E 公司、设计单位 F 公司。

B 公司是北京地区施工市场上的实力派，E 公司为单位 A 下属股份制企业，业主、监理、设计都是建设单位 A 系的，实践中，我们往往会听到大家说施工方和业主走得近，造成监理不便于管理，地位非常尴尬，但在这起事故中，监理和业主就是一家人。此外，杨某等人到案后，均揭发了单位 A 基建处苏某受贿一套价值人民币 5 万元红木家具的犯罪事实，三人因有揭发他人犯罪并经查证属实的立功表现，法院认为可以依法对三人从轻处罚。

2. 着急上火赶工期献礼的业主

设计单位 F 绘制的施工图中，个别剖面表达有误，在向施工单位实施设计交底过程中签到记录不全、交底记录签字时间与实际交底时间不符。建设单位 A 确定的招标工期和合同工期较市住房城乡建设委核算的定额工期，压缩了 27.6%；在施工组织过程中，未按照《北京市建筑工程质量监督执法告知书》的要求书面告知海淀区住房城乡建设委开工日期；且强调该工程在 2015 年 10 月份清华附中百年校庆期间外立面亮相，对施工单位工期安排造成了一定的影响。

业主领导一拍板，业主的下属单位设计公司压工期、赶进度，业主的下属单位监理公司睁一只眼，闭一只眼，再加上业主基建部门找的施工方。教训是：该是技术专业决定的事，一定不能让权力介入，一定不能让权力干涉！

3. 劳苦而又不专业的项目商务经理

2013 年，杨某为进入建工一建公司工作，经建工一建公司副总经理杜建华介绍，结识和创分公司副经理赵某，赵某承诺杨某如能引入工程项目，方可办理入职手续。2014 年 3 月，该工程项目公开招标信息发布后，杨某与 B 公司相关人员共同开展投标工作，并个人出资 10 万余元用于投标。

B 公司工程中标后，6 月 30 日，杨某以其妻子王某（非 B 公司员工）名下的房产作为抵押，与 B 公司签订了《建筑安装（装饰）工程内部经济责任承包合同》（以下简称《内部承包合同》）。7 月 6 日，杨某雇用非 B 公司员工李某承担该项目的预算、核算工作。工程开工后，杨某垫付了前期工程费用。

8 月 1 日，B 公司与杨某签订的劳动合同生效，给付其工资并缴纳社会保险，之前未给付其任何劳动报酬。B 公司扣留工程款税金和管理费后，将剩余资金转入 G 公司账户，由杨某个人支配使用。事故发生后，B 公司销毁了 3 份署名为 G 公司负责人的《内部承包合同》，与杨某本人重新签订了《内部承包合同》，并提交至事故调查组，严重干扰了事故调查认定工作。

经查，B 公司及其分公司 C 存在非本企业员工以内部承包的形式承揽工程的行为，年收取管理费用 1000 余万元。杨某作为一名自主择业的军转干部，为了在北京找一份好工作，谋一份好事业，不惜个人出资投标，最后落得个重大责任事故罪的第一被告；最根本的原因是杨某对建筑行业不了解，专业管理技能欠缺。

由此可以看出，事故的最根本原因还在于权力对专业的介入，让大量不专业的人进入专业的工作中去，甚至是不专业的人管理专业的人。

4. 专业而无奈又疏忽的监理

监理不到位。

一是对项目经理长期未到岗履职的问题监理不到位，且事故发生后，伪造了针对此问题下发的《监理通知》。

二是对钢筋施工作业现场监理不到位，未及时发现并纠正作业人员未按照钢筋施工方案要求施工作业的违规行为。

三是对项目部安全技术交底和安全培训教育工作监理不到位，致使施工单位使用未经培训的人员实施钢筋作业。

张某，清华附中工程项目执行总监，负责项目现场监理工作。接受总包单位项目部和专业分包单位的吃请，履行安全监理职责不到位，对项目经理长期未到岗履职、专职安全员数量配备不足、施工现场《钢筋施工方案》未交底、作业人员未接受安全培训教育、盲目制作并安放马凳的施工行为监督检查不到位，对事故发生负有直接监理责任。

1.3 重庆市綦江县彩虹桥整体垮塌事故

一、事故简介

1. 工程情况

彩虹桥位于重庆市綦江县古南镇的一条河上，是一座连接新旧城区的跨河人行桥。该桥结构为中承式钢管混凝土提篮拱桥，桥长140m，主拱净跨120m，桥面总宽6m，净宽5.5m，桥面设计人群荷载3.5kN/m²。该工程由綦江县重点建设办公室组织建设，A公司（以设计为龙头的二级总承包公司）总承包，B工程质量监督站监督。该桥在未向有关部门申请立项的情况下于1994年11月5日开工建设，并于1996年2月15日竣工投入使用，耗资418万元。

2. 事故情况

1999年1月4日18时50分，30余名群众正行走于该桥上，另有22名驻扎该地的武警战士进行训练，由西向东列队跑步至桥上约 2/3 处时，整座大桥突然垮塌，桥上群众和武警战士全部坠入河中。事故造成 40 人死亡（其中 18 名武警战士、22 名群众）、14 人受伤。直接经济损失：约 631 万元（其中建桥工程费 418 万元，伤亡人员善后处理费 207.5 万元，现场清障费 5.5 万元）。

3. 破坏过程

该桥的垮塌过程大致分为四个阶段：

（1）局部吊杆锚固失效阶段。1996 年 6 月 19 日龙舟赛时，东岸上游 7#吊杆和东岸下游 3#吊杆发生巨响，经检查 7#、3#吊杆已发生滑移失效。

（2）吊杆锚固失效发展阶段。1998 年 5 月某日桥上发生异常响声，桥面晃动下沉。

（3）多根吊杆锚固急速失效阶段。1999 年 1 月 4 日下午 6 点 50 分，桥面板倾斜垮塌，拱结构受力严重恶化。

（4）主拱结构整体突然垮塌破坏。

垮塌后拱桥呈现三个区域，西拱脚是主拱破坏起始区，破坏首先发生在下游拱脚整体弯剪破坏，经查破坏断面上焊缝区有陈旧性裂缝，上游拱脚拔出，该区域内主拱在原位落下。东半拱牵动破坏区，该区也是桥面板起始破坏区，主拱钢管有约 30m 长保持基本完好，垮塌过程中主拱向下游偏移约 1m，两拱脚从拱座中拔出。西半拱跨中区至 1/4 跨区域是主拱破坏碰撞区，主拱破坏最为严重，拱圈破坏后分布零乱，散落区域稍宽，上横撑发生严重弯扭，钢板撕裂扭曲。现场勘察发现，上游主拱断成 13 段，下游主拱断成 15 段，其断点均为工厂焊接处。

二、原因分析

经调查，该工程存在极其严重的质量问题。具体有以下几点：

"1·4"彩虹桥垮塌后的残骸

1. 吊杆锁锚问题

吊杆锚固仅采用榔头敲打锚具夹片的方法，钢绞线锁锚方法严重错误，不能保证钢绞线有效锁定，不能保证吊杆中三根钢绞线均匀受力。在事故现场勘察中，经对东岸上游半拱的七根吊杆检查表明，除一根锚固完好外，其余钢绞线均全部或部分滑出，致使吊杆钢绞线锚固失效。同时，夹片端面参差不平，夹片与锚头锈蚀粘连严重，影响锚具对钢绞线的夹持能力，其他区域不少吊杆也有类似现象。模拟试验也进一步证明该锁锚方法是错误的。因此锁锚方法错误、吊杆锚固失效是桥面板垮塌的直接原因。另外吊杆PVC管中灌浆不密实，局部漏灌，钢绞线锈蚀严重，危及结构的长期安全使用。

2. 主拱钢管焊接问题

主拱钢管加工层层转包，既无经济合同又无书面技术质量要求，加工采用包干承包，加工前未进行合理的工艺试验和必要的质检工作，在钢管标准节段弯曲成型时就多次发生焊缝断裂。经现场勘察取样，对焊缝进行X射线探伤、金相、强度等检验证明焊缝有裂纹、未焊透、未熔合、气孔、夹渣、陈旧性裂纹等严重缺陷，焊缝质量不能达到施工及验收规范规定的二级焊缝检验标准的要求。故主拱钢管工厂对接焊接头焊缝质量低劣是导致主拱垮塌的直接原因。

3. 钢管混凝土问题

主拱钢管内混凝土强度达不到设计要求。经现场取样检验，混凝土强度最低值仅 15.6MPa，不能达到 C30 级的设计要求。混凝土局部有漏灌现象，在主拱肋板处甚至出现 1m 多长的空洞。吊杆的灌浆防护也存在严重质量问题。工程质量低劣，进一步降低了结构的承载力。

4. 设计问题

设计过程中，设计图纸粗糙，更改随意，吊杆由 40mm 圆钢改为钢绞线群锚体系后，对采用无顶压张拉锚具未提出确保锁锚质量的相应措施；部分构造处理有不当之处；对主拱钢结构的材质、焊接工艺及质量、接头位置及锁锚质量等均无明确要求；门架配筋率低于设计规范要求；在成桥增设花坛等荷载后，主拱承载力不能满足相应规范的要求。

5. 其他直接问题

该桥施工组织设计中没有对分项工程制订严格的工艺操作规程及技术要求，对一些关键部位没有相应的检查验收程序。该桥建成时即是一座危桥。使用过程中，由于使用不当、管理不善，导致吊杆锚固加速失效，西桥头下游端支座处的拱架钢管产生陈旧性破坏裂纹，主拱受力急剧恶化。可以说，该桥的垮塌势在必然。

6. 关于武警列队跑过该桥是否引起共振

该桥垮塌后，一些人提出垮桥是否与武警战士列队过桥发生共振有关。专家组对此进行了技术分析。经反复分析讨论，并委托交通部重庆公路科学研究所，运用美国 SuperSAP（91）和 MARC 动力性能计算软件进行计算复核，其结果表明：

（1）綦江县大桥前二十阶结构自振频率，没有落入结构激振荷载（14.3kN）的激振频率所在范围 2.83～3.00Hz 内。

（2）激振频率所在范围 2.83～3.00Hz 较接近的结构自振频率分别是第十一阶频率（2.769Hz，面内竖弯）和第十二阶频率（3.114Hz，侧向弯扭）。但是，高阶频率对结构共振的影响很小。

（3）从动态响应的位移频谱分析结果来看，激起的振动响应频带离激振频率 2.83～3.00Hz 很远，不会发生共振。

可认定：22 名武警战士列队在桥上跑步造成的动力作用，不会引起该桥共振，其产生的动力响应，远小于该桥的设计承载力。

造成此事故的原因，更重要的是"人祸"。经调查取证、综合分析认定，事故的间接原因是该桥建设中严重违反基本建设程序，不执行国家建筑市场管理规定和办法，违法建设、管理混乱。主要有：

（1）建设过程严重违反基本建设程序。

（2）设计、施工主体资格不合法。

（3）管理混乱。

（4）负责项目管理的少数领导干部存在严重腐败现象，使国家明确规定的各项管理制度形同虚设。

重庆市綦江县"1·4"事故调查领导小组给该工程事故的定性为："綦江县大桥建设严重违反国家有关规定和基本建设程序，建设管理混乱；有关领导急功近利，有关部门严重失职，有关人员玩忽职守；工程施工存在严重质量问题。此次垮桥事故是一次重大责任事故。"

三、事故教训

该工程是典型的"豆腐渣"工程，在当时震惊了全国。事故发生后，得到了綦江县、重庆市各级领导的重视，中央领导也亲自过问此事。多名事故责任人被撤职、判处各种徒刑直至死刑。

1. 将工程责任落到实处

此事故中，彩虹桥的设计和建造责任不明，导致了其管理混乱。彩虹桥的建设单位名义上是綦江县建委，实际上为县政府下设的重点建设办公室。而这个所谓的"办公室"，其人员组成均为临时抽调，毫无管理制度和责任制度。今后在工程建设中，一定要将各项责任落到实处，这样才能使各相关单位认清自己的职责，做好自己负责的方面。

2. 加强建筑市场和施工现场的管理

切实加强领导，严格执行项目法人责任制、招标投标制、合同管理制和工程监理制等各项规章制度。坚持政企分开，坚持重大问题集体决定，不允许任何人干扰工程项目的公开、公平、公正招投标。强化对工程质量全方位、全过程的监督。

3. 依法管理，严格执法

该工程是典型有法不依的工程，从筹划到竣工验收的一系列制度都未得到有效执行。长官意志、行政决定代替了管理法规的约束作用，这种现象在许多地区、许多工程中大量存在，必须坚决予以纠正。行政管理部门必须依法管理，对违反法律法规的建设行为要坚决予以纠正和处罚，改变有法不依，执法不严，违法不究的现象。

4. 遵循科学规律

该工程是典型的限制工程预算的工程。工程发包时，建设单位在无任何依据情况下，要求总包以280万元包干（结算价近400万元）。不合理的底价会造成施工单位不愿加大投入，使工程质量难以保证。长期以来，很多地区的建筑市场严重违背科学

规律，不顾工程实际的价值，实行低价中标、无标底招标。这样的做法客观上制约了建筑业的发展和工程质量的提高，因此必须得到制止。

彩虹桥的事故，令人痛心。但作为结构工程师，我们要做的更多应该是反思。工程结构，尤其是公共建筑，关系到无数人的性命，绝不能掉以轻心。我们必须从工程事故中吸取教训，在今后的工程设计和建设中尽全力杜绝类似事故的发生。

另外，除了结构工程师以外，政府部门也应当规范自己的行为，尽量避免官僚作风和"拍脑袋"作风，在工程建设中做到遵循科学规律。工程相关的监理、业主、勘测等单位也要严格规范自身行为，把好自己这一关。

1.4 山东省青岛市"11·22"中石化东黄输油管道泄漏爆炸事故

一、事故简介

2013年11月22日10时25分，位于山东省青岛经济技术开发区的A公司管道储运分公司C东黄输油管道泄漏原油进入市政排水暗渠，在形成密闭空间的暗渠内油气积聚遇火花发生爆炸，造成62人死亡、136人受伤，直接经济损失75172万元。

根据党中央、国务院领导同志的重要批示指示要求，依据《安全生产法》和《生产安全事故报告和调查处理条例》（国务院令第493号）等有关法律法规，经国务院批准，11月25日，成立了由国家安全监管总局局长任组长，国家安全监管总局、监察部、公安部、环境保护部、国务院国资委、全国总工会、山东省人民政府有关负责同志等参加的国务院山东省青岛市"11·22"中石化东黄输油管道泄漏爆炸特别重大事故调查组（以下简称"事故调查组"），开展事故调查工作。事故调查组邀请最高人民检察院派员参加，并聘请了国内管道设计和运行、市政工程、消防、爆炸、金属材料、防腐、环保等方面的专家参加事故调查工作。

事故调查组通过现场勘验、调查取证、检测鉴定和专家论证，查明了事故发生的经过、原因、人员伤亡和直接经济损失情况，认定了事故性质和责任，提出了对有关责任人和责任单位的处理建议，并针对事故原因及暴露出的突出问题，提出了事故防范措施建议。

1. 事故单位情况

（1）B 集团公司，是经国务院批准于1998年7月在原B总公司基础上重组成立的特大型石油石化企业集团，注册资本2316亿元。

（2）A 公司，是B集团公司以独家发起方式于2000年2月设立的股份制企业，主要从事油气勘探与生产、油品炼制与销售、化工生产与销售等业务。

（3）C 公司，是A公司下属的从事原油储运的专业化公司，位于江苏省徐州市，下设13个输油生产单位，管辖途经14个省（区、市）的37条、6505公里输油管道和101个输油站（库）。

（4）C 公司潍坊输油处（以下简称潍坊输油处），是C公司下属的输油生产单位，位于山东省潍坊市，负责管理东黄输油管道等5条、872公里管道。

（5）C 公司黄岛油库（以下简称"黄岛油库"），是C公司下属的输油生产单位，位于山东省青岛经济技术开发区，负责港口原油接收及转输业务。黄岛油库油罐总容量210万 m^3（其中，5万 m^3 油罐34座，10万 m^3 油罐4座）。

(6)潍坊输油处青岛输油站（以下简称"青岛站"），是潍坊输油处下属的管道运行维护单位，位于山东省胶州市，负责管理东黄输油管道胶州、高密界至黄岛油库的94公里管道。

2. 青岛经济技术开发区情况

青岛经济技术开发区（以下简称"开发区"）是经国务院批准于1984年10月成立的。当时管理区域总面积478平方公里，有黄岛、薛家岛等7个街道办事处和1个镇，322个村（居），常住人口近80万人。2012年，完成地区生产总值1365亿元。

3. 东黄输油管道相关情况

东黄输油管道于1985年建设，1986年7月投入运行，起自山东省东营市东营首站，止于开发区黄岛油库。设计输油能力2000万吨/年，设计压力6.27兆帕。管道全长248.5公里，管径711mm，材料为API5LX-60直缝焊接钢管。管道外壁采用石油沥青布防腐，外加电流阴极保护。1998年10月改由黄岛油库至东营首站反向输送，输油能力1000万吨/年。

事故发生段管道沿开发区秦皇岛路东西走向，采用地埋方式敷设，北侧为诸多企业。

事故发生时，东黄输油管道输送混合原油，密度0.86吨/立方米，饱和蒸汽压13.1千帕，蒸汽爆炸极限1.76%~8.55%，闭杯闪点-16℃。油品属轻质原油。原油出站温度27.8℃，满负荷运行出站压力4.67兆帕。

4. 排水暗渠相关情况

事故主要涉及刘公岛路（秦皇岛路以南并与秦皇岛路平行）至入海口的排水暗渠，全长约1945m，南北走向，通过桥涵穿过秦皇岛路。秦皇岛路以南排水暗渠（上游）沿斋堂岛街西侧修建，最南端位于斋堂岛街与刘公岛路交汇的十字路口西北侧，长度约为

557m；秦皇岛路以北排水暗渠（下游）穿过某公司厂区，并向北延伸至入海口，长度约为1388m。斋堂岛街东侧建有公司、中学、居民小区等。

排水暗渠分段、分期建设。1995年、1997年先后建成秦皇岛路桥涵南、北半幅（南半幅长30m、宽18m、高3.29m，北半幅长25m、宽18m、高2.87m）。秦皇岛路桥涵以南沿斋堂岛街的排水明渠于1996年建设完成；1998年、2002年、2008年经过3次加设盖板改造，成为排水暗渠（暗渠宽8m、高2.5m）。秦皇岛路桥涵以北的排水暗渠于2004年、2009年分两期建设完成（暗渠宽13m、高2.0m~2.5m不等）。排水暗渠底板为钢筋混凝土，墙体为浆砌石，顶部为预制钢筋混凝土盖板。

5. 东黄输油管道与排水暗渠交叉情况

输油管道在秦皇岛路桥涵南半幅顶板下架空穿过，与排水暗渠交叉。桥涵内设3座支墩，管道通过支墩洞孔穿越暗渠，顶部距桥涵顶板110cm，底部距渠底148cm，管道穿过桥涵两侧壁部位采用细石混凝土进行封堵。管道泄漏点位于秦皇岛路桥涵东侧墙体外15cm，处于管道正下部位置。

"11·22"输油管道爆炸事故现场（一）

"11·22" 输油管道爆炸事故现场（二）

二、原因分析

1. 直接原因

输油管道与排水暗渠交汇处管道腐蚀减薄、管道破裂、原油泄漏，流入排水暗渠及反冲到路面。原油泄漏后，现场处置人员采用液压破碎锤在暗渠盖板上打孔破碎，产生撞击火花，引发暗渠内油气爆炸。

通过现场勘验、物证检测、调查询问、查阅资料，并经综合分析认定：由于与排水暗渠交叉段的输油管道所处区域土壤盐碱和地下水氯化物含量高，同时排水暗渠内随着潮汐变化海水倒灌，输油管道长期处于干湿交替的海水及盐雾腐蚀环境，加之管道受到道路承重和振动等因素影响，导致管道加速腐蚀减薄、破裂，造成原油泄漏。泄漏点位于秦皇岛路桥涵东侧墙体外15cm，处于管道正下部位置。经计算、认定，原油泄漏量约2000t。

泄漏原油部分反冲出路面，大部分从穿越处直接进入排水暗渠。泄漏原油挥发的油气与排水暗渠空间内的空气形成易燃易爆的混合气体，并在相对密闭的排水暗渠内积聚。由于原油泄漏到发生爆炸达 8 个多小时，受海水倒灌影响，泄漏原油及其混合气体在排水暗渠内蔓延、扩散、积聚，最终造成大范围连续爆炸。

2. 间接原因

（1）B 集团公司及下属企业安全生产主体责任不落实，隐患排查治理不彻底，现场应急处置措施不当。

①B 集团公司和 A 公司安全生产责任落实不到位。安全生产责任体系不健全，相关部门的管道保护和安全生产职责划分不清、责任不明；对下属企业隐患排查治理和应急预案执行工作督促指导不力，对管道安全运行跟踪分析不到位；安全生产大检查存在死角、盲区，特别是在全国集中开展的安全生产大检查中，隐患排查工作不深入、不细致，未发现事故段管道安全隐患，也未对事故段管道采取任何保护措施。

②C 公司对潍坊输油处、青岛站安全生产工作疏于管理。组织东黄输油管道隐患排查治理不到位，未对事故段管道防腐层大修等问题及时跟进，也未采取其他措施及时消除安全隐患；对一线员工安全和应急教育不够，培训针对性不强；对应急救援处置工作重视不够，未督促指导潍坊输油处、青岛站按照预案要求开展应急处置工作。

③潍坊输油处对管道隐患排查整治不彻底，未能及时消除重大安全隐患。2009 年、2011 年、2013 年先后 3 次对东黄输油管道外防腐层及局部管体进行检测，均未能发现事故段管道严重腐蚀等重大隐患，导致隐患得不到及时、彻底整改；从 2011 年起安排实施东黄输油管道外防腐层大修，截至 2013 年 10 月仍未对包括事故泄漏点所在的 15 公里管道进行大修；对管道泄漏突发事件的应急预案缺乏演练，应急救援人员对自己的职责和应对措施不熟悉。

④青岛站对管道疏于管理，管道保护工作不力。制定的管道抢

维修制度、安全操作规程针对性、操作性不强，部分员工缺乏安全操作技能培训；管道巡护制度不健全，巡线人员专业知识不够；没有对开发区在事故段管道先后进行排水明渠和桥涵、明渠加盖板、道路拓宽和翻修等建设工程提出管道保护的要求，没有根据管道所处环境变化提出保护措施。

⑤事故应急救援不力，现场处置措施不当。青岛站、潍坊输油处、中石化管道分公司对泄漏原油数量未按应急预案要求进行研判，对事故风险评估出现严重错误，没有及时下达启动应急预案的指令；未按要求及时全面报告泄漏量、泄漏油品等信息，存在漏报问题；现场处置人员没有对泄漏区域实施有效警戒和围挡；抢修现场未进行可燃气体检测，盲目动用非防爆设备进行作业，严重违规违章。

（2）青岛市人民政府及开发区管委会贯彻落实国家安全生产法律法规不力。

①督促指导青岛市、开发区两级管道保护工作主管部门和安全监管部门履行管道保护职责和安全生产监管职责不到位，对长期存在的重大安全隐患排查整改不力。

②组织开展安全生产大检查不彻底，没有把输油管道作为监督检查的重点，没有按照"全覆盖、零容忍、严执法、重实效"的要求，对事故涉及企业深入检查。

③黄岛街道办事处对青岛丽东化工有限公司长期在厂区内排水暗渠上违章搭建临时工棚问题失察，导致事故伤亡扩大。

（3）管道保护工作主管部门履行职责不力，安全隐患排查治理不深入。

①山东省油区工作办公室已经认识到东黄输油管道存在安全隐患，但督促企业治理不力，督促落实应急预案不到位；组织安全生产大检查不到位，督促青岛市油区工作办公室开展监督检查工作不力。

②青岛市经济和信息化委员会、油区工作办公室对管道保护的

监督检查不彻底、有盲区，2013年开展了6次管道保护的专项整治检查，但都没有发现秦皇岛路道路施工对管道安全的影响；对管道改建计划跟踪督促不力，督促企业落实应急预案不到位。

③开发区安全监管局作为管道保护工作的牵头部门，组织有关部门开展管道保护工作不力，督促企业整治东黄输油管道安全隐患不力；安全生产大检查走过场，未发现秦皇岛路道路施工对管道安全的影响。

（4）开发区规划、市政部门履行职责不到位，事故发生地段规划建设混乱。

①开发区控制性规划不合理，规划审批工作把关不严。开发区规划分局对青岛信泰物流有限公司项目规划方案审批把关不严，未对市政排水设施纳入该项目规划建设及明渠改为暗渠等问题进行认真核实，导致市政排水设施继续划入厂区规划，明渠改暗渠工程未能作为单独市政工程进行报批。事故发生区域危险化学品企业、油气管道与居民区、学校等近距离或交叉布置，造成严重安全隐患。

②管道与排水暗渠交叉工程设计不合理。管道在排水暗渠内悬空架设，存在原油泄漏进入排水暗渠的风险，且不利于日常维护和抢维修；管道处于海水倒灌能够到达的区域，腐蚀加剧。

③开发区行政执法局（市政公用局）对某公司厂区明渠改暗渠审批把关不严，以"绿化方案审批"形式违规同意设置盖板，将明渠改为暗渠；实施的秦皇岛路综合整治工程，未与管道企业沟通协商，未按要求计算对管道安全的影响，未对管道采取保护措施，加剧管体腐蚀、损坏。

（5）青岛市及开发区管委会相关部门对事故风险研判失误，导致应急响应不力。

①青岛市经济和信息化委员会、油区工作办公室对原油泄漏事故发展趋势研判不足，指挥协调现场应急救援不力。

②开发区管委会未能充分认识原油泄漏的严重程度，根据企业报告情况将事故级别定为一般突发事件，导致现场指挥协调和应急

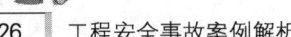

救援不力，对原油泄漏的发展趋势研判不足；未及时提升应急预案响应级别，未及时采取警戒和封路措施，未及时通知和疏散群众，也未能发现和制止企业现场应急处置人员违规违章操作等问题。

③开发区应急办未严格执行生产安全事故报告制度，压制、拖延事故信息报告，谎报开发区分管领导参与事故现场救援指挥等信息。

④开发区安全监管局未及时将青岛丽东化工有限公司报告的厂区内明渠发现原油等情况向政府和有关部门通报，也未采取有效措施。

三、事故教训

经调查认定，山东省青岛市"11·22"中石化东黄输油管道泄漏爆炸特别重大事故是一起生产安全责任事故。相关责任人受到行政处罚或刑事处罚。

（1）依据《安全生产法》、《生产安全事故报告和调查处理条例》等有关法律法规的规定，责成山东省安全监管局对 C 公司处以规定上限的罚款，对 C 公司党委书记、总经理各处以 2012 年度收入 80% 的罚款。

（2）建议责成山东省人民政府、B 集团公司向国务院作出深刻检查，并抄送国家安全监管总局和监察部；责成青岛市人民政府向山东省人民政府作出深刻检查。

此次事故，各方应认真吸取教训：

1. 坚持科学发展安全发展，牢牢坚守安全生产红线

中石化集团公司和山东省、青岛市人民政府及其有关部门要深刻吸取山东省青岛市"11·22"中石化东黄输油管道泄漏爆炸特别重大事故的沉痛教训，牢固树立科学发展、安全发展理念，牢牢坚守"发展决不能以牺牲人的生命为代价"这条红线。要把安全

生产纳入经济社会发展总体规划，建立健全"党政同责、一岗双责、齐抓共管"的安全生产责任体系，坚持管行业必须管安全、管业务必须管安全、管生产经营必须管安全的原则，把安全责任落实到领导、部门和岗位，谁踩红线谁就要承担后果和责任。在发展地方经济、加快城乡建设、推进企业改革发展的过程中，要始终坚持安全生产的高标准、严要求，各级各类开发区招商引资、上项目不能降低安全环保等标准，不能不按相关审批程序搞特事特办，不能违规"一路绿灯"。政府规划、企业生产与安全发生矛盾时，必须服从安全需要；所有工程设计必须满足安全规定和条件。要坚决纠正单纯以经济增长速度评定政绩的倾向，科学合理设定安全生产指标体系，加大安全生产指标考核权重，实行安全生产和重特大事故"一票否决"。中央企业不管在什么地方，必须接受地方的属地监管；地方政府要严格落实属地管理责任，依法依规，严管严抓。

2. 切实落实企业主体责任，深入开展隐患排查治理

中石化集团公司及各油气管道运营企业要认真履行安全生产主体责任，加大人力物力投入，加强油气管道日常巡护，保证设备设施完好，确保安全稳定运行。要建立健全隐患排查治理制度，落实企业主要负责人的隐患排查治理第一责任，实行谁检查、谁签字、谁负责，做到不打折扣、不留死角、不走过场。要按照《国务院安委会关于开展油气输送管线等安全专项排查整治的紧急通知》（安委〔2013〕9号）要求，认真开展在役油气管道，特别是老旧油气管道检测检验与隐患治理，对与居民区、工厂、学校等人员密集区和铁路、公路、隧道、市政地下管网及设施安全距离不足，或穿（跨）越安全防护措施不符合国家法律法规、标准规范要求的，要落实整改措施、责任、资金、时限和预案，限期更新、改造或者停止使用。国务院安委会将于2014年3月组织抽查，对不认真开展自查自纠，存在严重隐患的企业，要依法依规严肃查处问责。

3. 加大政府监督管理力度，保障油气管道安全运行

山东省、青岛市各级人民政府及相关部门要严格执行《石油天然气管道保护法》、《城镇燃气管理条例》（国务院令第583号）等法律法规，认真履行油气管道保护的相关职责。各级人民政府要加强本行政区域油气管道保护工作的领导，督促、检查有关部门依法履行油气管道保护职责，组织排查油气管道的重大外部安全隐患。市政管理部门在市政设施建设中，对可能影响油气管道保护的，要与油气管道企业沟通会商，制定并落实油气管道保护的具体措施。油气管道保护工作主管部门要加大监管力度，对打孔盗油、违章施工作业等危害油气管道安全的行为要依法严肃处理；要按照后建服从先建的原则，加大油气管道占压清理力度。安全监管部门要配备专业人员，加强监管力量；要充分发挥安委会办公室的组织协调作用，督促有关部门采取不发通知、不打招呼、不听汇报、不用陪同和接待，直奔基层、直插现场的方式，对油气管道、城市管网开展暗查暗访，深查隐蔽致灾隐患及其整改情况，对不符合安全环保要求的立即进行整治，对工作不到位的地区要进行通报，对自查自纠等不落实的企业要列入"黑名单"并向社会公开曝光。对瞒报、谎报、迟报生产安全事故的，要按有关规定从严从重查处。

4. 科学规划合理调整布局，提升城市安全保障能力

随着经济高速发展及城市快速扩张，开发区危险化学品企业与居民区毗邻、交错，功能布局不合理，对该区域的安全和环境造成一定影响，也不利于城市的长远发展。青岛市人民政府要对该区域的安全、环境状况进行整体评估、评价，通过科学论证，对产业结构和区域功能进行合理规划、调整，对不符合安全生产和环境保护要求的，要立即制定整治方案，尽快组织实施。各级人民政府要加强本行政区域油气管道规划建设工作的领导，油气管道规划建设必须符合油气管道保护要求，并与土地利用整体规划、城乡规划相协

调，与城市地下管网、地下轨道交通等各类地下空间和设施相衔接，不符合相关要求的不得开工建设。

5. 完善油气管道应急管理，全面提高应急处置水平

B集团公司和山东省、青岛市各级人民政府及其有关部门要高度重视油气管道应急管理工作。各级领导干部要带头熟悉、掌握应急预案内容和现场救援指挥的必备知识，提高应急指挥能力；接到事故报告后，基层领导干部必须第一时间赶到事故现场，不得以短信形式代替电话报告事故信息。油气管道企业要根据输送介质的危险特性及管道状况，制定有针对性的专项应急预案和现场处置方案，并定期组织演练，检验预案的实用性、可操作性，不能"一定了之"、"一发了之"；要加强应急队伍建设，提高人员专业素质，配套完善安全检测及管道泄漏封堵、油品回收等应急装备；对于原油泄漏要提高应急响应级别，在事故处置中要对现场油气浓度进行检测，对危害和风险进行辨识和评估，做到准确研判，杜绝盲目处置，防止油气爆炸。地方各级人民政府要紧密结合实际，制定包括油气管道在内的各类生产安全事故专项应急预案，建立政府与企业沟通协调机制，开展应急预案联合演练，提高应急响应能力；要根据事故现场情况及救援需要及时划定警戒区域，疏散周边人员，维持现场秩序，确保救援工作安全有序。

6. 加快安全保障技术研究，健全完善安全标准规范

要组织力量加快开展油气管道普查工作，摸清底数，建立管道信息系统和事故数据库，深入研究油气管道可能发生事故的成因机理，尽快解决油气管道规划、设计、建设、运行面临的安全技术和管理难题。要吸取国外好的经验和做法，开展油气管道安全法规标准、监管体制机制对比研究，完善油气管道安全法规，制定油气管道穿跨越城区安全布局规划设计、检测频次、风险评价、环境应急等标准规范。要开展油气管道长周期运行、泄漏检测报警、泄漏处置和应急技术研究，提高油气管道安全保障能力。

 # 2 工程坍塌安全事故案例

2.1 北京市"3·28"地铁坍塌事故

一、事故简介

2007年3月28日,北京海淀区苏州街与海淀南路交界处东南角,中铁十二局的工人正在此地下施工,地铁十号线苏州街站东南出入口工程正在展开。地铁隧道已挖掘了100多米远,深约十多米。黄强(化名)等十多名工人是在早晨7点左右一起进入隧道的,在距离出入口50多米远处施工。在隧道的尽头,即距出入口约100米远处,是20多人组成的四川队(队长是四川人)在进行挖掘作业。"突然,只听见'轰'的一声响,前面的工人蜂拥着往回跑。"黄强说,很快,四川队的工人跑过他身边,嚷着"塌方了!塌方了"并惊慌地往隧道外跑。黄强将工具一扔赶紧跟工友一起跑出隧道。当时是9点半左右。在外面停留几分钟后,四川队

的20多名工人拿起钢支撑、铁锹等工具，再次进入隧道，"他们要对塌方处采取抢救措施，加固坍塌的地方"。随后，黄强等人也和同伴进入隧道。进入隧道后，四川队的工人开始用钢支撑撑住隧道的顶部，并用铁锹等工具清理塌下来的泥土。看前方没有什么变故，黄强等人又开始施工。十多分钟后，隧道内再次响起"轰"的巨响。黄强感觉整个隧道都震了一下，像大地震一样。紧接着，隧道内不断持续着"嗡嗡"的声音。很快，十多名浑身都是土的四川队工人飞奔出来。有着5年地下施工经验的黄强感觉出大事了，数十名工人全都扔掉工具，蜂拥着朝地铁出入口跑去。最后，苏州街站出口的工程施工现场发生坍塌事故，造成6人死亡。

"3·28"地铁坍塌事故现场

二、原因分析

1. 直接原因

（1）坍塌处地质及水文条件极差。抢险救援工作证实：坍塌处土质非常疏松，淤泥质土厚约1m，自稳性极差。在加固基坑抢险过程中,坍塌地点东侧约4m处发现地表0.4m以下,有一南北向长约4m～5m、东西向长约4m、体积约24m³的不规则空洞,周围土质非常疏松。在上述地质条件下进行浅埋暗挖隧道施工,其上方形成小量坍塌,并迅速发展至地面,形成大塌方。

(2) 坍塌处集隧道爬坡、断面变化及转向、覆土层浅、环境和地质条件复杂等多种不利因素,且该暗挖结构本身处于复杂的空间受力状态,当开马头门时,由于地层压力作用导致拱脚失稳,引起已施工做成的导洞变形过大,从而造成导洞拱部产生环向裂缝,并在抢险过程中发生坍塌。

(3) 施工单位在已发现拱顶裂缝宽度由最初的1cm发展为10cm,并有少量土方坍塌的情况下,没有制定并采取任何安全措施,组织施工人员实施抢险救援,造成6名抢险施工人员在二次塌方时被埋。

2. 间接原因

(1) 该标段地质勘探按照探孔间距不大于50m的规范要求,以40m为间距设置探孔。事故地点处在探孔间距之间,勘探资料未能显示出事故地点实际地质情况。

(2) 现场安全生产管理存在漏洞。一是应急预案对施工过程可能出现的风险考虑不全,出现险情后不能按照预案组织抢险;二是对劳务用工管理不严,使用无资质的劳务队伍从事施工作业;三是现场管理人员未严格遵守北京市建设工程安全生产标准、规范等。

三、事故教训

(1) 面对任何险情的出现,必须坚持"以人为本、安全第一"的原则组织应急抢险救援,同时要强化全员的安全生产培训教育,增强全员安全意识,尤其是抓好项目经理的安全生产培训教育。

(2) 加强对劳务分包队伍的安全管理,规范工程分包、劳务

分包合同。严禁以包代管或包而不管的现象,加强对劳务人员的安全培训教育和日常管理,提高自我保护能力。

(3) 提高勘测水平。进一步明确、细化对隧道周边进行实时探测的技术要求、实施步骤及探测方法。加强对隧道掌子面前方上、下与两侧的探测,并定期组织安全生产大检查。

这是一起由于缺少应急救援预案、缺乏应急救援措施和有效组织而引发的生产安全事故。事故的发生暴露出施工单位安全生产责任制不落实,安全生产规程、标准执行不严格,特别是抢险措施不当和有关管理人员法律意识淡薄,同时也反映出地铁施工安全监管存在薄弱环节。我们应当吸取事故教训,认真做好以下几方面的工作:

第一,科学组织施工、强化应急管理。一是开挖必须制定切实可行的施工方案和安全措施,根据隧道"管超前、严注浆、短开挖、强支护、勤量测、紧封闭"的施工原则,对不同施工情况,采用不同的施工方法;二是采用挖孔对地质情况或水文情况进行探察,定期不定期地观察开挖面围岩受力及变形状态,及时发现险兆,制定应对措施;三是加强初期支护,开挖后及时喷锚支护,提高围岩整体稳定性;四是制定事故应急救援预案并加强日常演练,熟悉抢险程序;五是准备必要的抢险物资。

第二,健全完善施工预警机制。在施工过程中,对地质条件较复杂的地点,要加强地表沉降观测。一是严格建立地表沉降观测点;二是在开挖过程中,必要时对地面建筑进行预加固;三是在隧道开挖时对测量结果进行整理反馈,获得开挖参数与沉降点的关系;四是建立严格的沉降控制网络。

第三,切实加强总包管理职责。总包单位应认真依法履行各项安全生产职责,强化对施工现场安全生产管理和日常安全检查;督促项目部在组织施工过程中,认真遵守有关安全生产法律、法规和各项技术规范的要求;严格审查劳务分包单位的资质条件,加强劳务用工管理。

第四，进一步明确参建各方安全责任。建设、施工、监理等单位都应认真依法履行对施工过程的安全生产管理职责，针对施工实际情况完善和落实应急预案的各项要求；加强对危险点施工安全管理和监督检查工作；切实加强对劳务队伍的资质审查备案和施工过程的安全生产管理工作。

第五，完善应急救援预案。在制定地铁工程抢险方案时，必制定保证抢险人员安全的具体措施，并认真组织实施。针对地质条件复杂的情况，在工程地质勘察时，应根据地铁建设的实际情况，特别是对地铁出入口、折返处等重点部位，增加勘探点的密度。

2.2 青海省西宁市"4·27"边坡坍塌事故

一、事故简介

2007年4月27日，青海省西宁市某公司基地边坡支护工程施工现场发生一起坍塌事故，造成3人死亡、1人轻伤，直接经济损失60万元。

该工程拟建场地北侧为东西走向的自然山体，坡体高12m～15m，长145m，自然边坡坡度1:0.5～1:0.7。边坡工程9m以上部分设计为土钉喷锚支护，9m以下部分为毛石挡土墙，总面积为2000m²。其中毛石挡土墙部分于2007年3月21日由施工单位分包给私人劳务队（无法人资格和施工资质）进行施工。

4月27日上午，劳务队5名施工人员人工开挖北侧山体边坡东侧5m×1m×1.2m毛石挡土墙基槽。下午16时左右，自然地面上方5m处坡面突然坍塌，除在基槽东端作业的1人逃离之外，其余4人被坍塌土体掩埋。

根据事故调查和责任认定，对有关责任方作出以下处理：项目经理、现场监理工程师等责任人分别受到撤职、吊销执业资格等行政处罚；施工、监理等单位分别受到资质降级、暂扣安全生产许可证等行政处罚。

"4·27"边坡坍塌事故现场

二、原因分析

1. 直接原因

（1）施工地段地质条件复杂，经过调查，事故发生地点位于河谷区与丘陵区交接处，北侧为黄土覆盖的丘陵区，南侧为河谷地2级及3级基座阶地。上部土层为黄土层及红色泥岩夹变质砂砾，下部为黄土层黏土。局部有地下水渗透，导致地基不稳。

（2）施工单位在没有进行地质灾害危险性评估的情况下，盲目施工，也没有根据现场的地质情况采取有针对性的防护措施，违反了自上而下分层修坡、分层施工工艺流程，从而导致了事故的发生。

2. 间接原因

（1）建设单位在工程建设过程中，未作地质灾害危险性评估，且在未办理工程招投标、工程质量监督、工程安全监督、施工许可证的情况下组织开工建设。

（2）施工单位委派不具备项目经理执业资格的人员负责该工程的现场管理，项目部未编制挡土墙施工方案，没有对劳务人员进行安全生产教育和安全技术交底。在山体地质情况不明、没有采取安全防护措施的情况下冒险作业。

（3）监理单位在监理过程中，对施工单位资料审查不严，对施工现场落实安全防护措施的监督不到位。

三、事故教训

《建设工程安全生产管理条例》（以下简称《条例》）已明确规定建设工程施工、监理和设计等单位在施工过程中的安全生产责任。参建各方认真履行法律法规明确规定的责任是确保安全生产的基本条件。

这起事故的发生，首先是施工单位没有根据《条例》的要求任命具备相应执业资格的人担任项目经理；其次是施工单位没有根据《条例》的要求编制安全专项施工方案或安全技术措施。

监理单位没有根据《条例》的要求审查施工组织设计中的安全专项施工方案或者安全技术措施是否符合工程建设强制性标准。对于施工过程中存在的安全隐患，监理单位没有要求施工单位予以整改。

这是一起由于违反施工工艺流程，冒险施工引发的生产安全责任事故。事故的发生暴露了该工程从施工组织到技术管理、从建设单位到施工单位都没有真正重视安全生产管理工作等问题，我们应

从中吸取事故教训，认真做好以下几方面的工作：

（1）导致建筑安全事故发生的各环节之间是相互联系的，这起事故的发生是各环节共同失效的结果。因此，搞好安全生产首先要求建设、施工、监理和设计各方要全面正确履行各自的安全职责，并在此基础上不断规范施工管理程序，规范监理监督程序，规范设计工作程序和业主监管程序，使之持续改进，只有这样，安全生产目标才能实现。需要特别指出的是，监理单位是联系业主、设计与施工单位的桥梁，规范监理单位的安全生产职责是搞好安全生产的重要环节。

（2）落实安全责任、实现本质安全。大量事故表明，事故的间接原因往往是其发生的本质因素。不具备执业资格的项目经理负责该工程的现场管理是此次事故的一个重要原因。如果本项目有一个合格的项目经理，他就会在施工前认真组织制订可行的施工组织设计并认真实施。同样，如果监理单位认真履行安全监管职责，就会要求施工单位制定完善的施工组织设计或安全专项措施并认真审核。如果这两个重要环节都有人把好了关，这个事故是完全可以避免的。

（3）强化政府监管、规范市场规则。要强化安全生产监管工作，必须通过政府部门的有效监管，规范市场各竞争主体的经营行为。因此，遏制安全生产事故必须从政府有效监管入手，利用媒体舆论监督推动全社会安全文化建设，建设、施工、监理、设计等单位认真贯彻安全法律法规，形成综合治理的局面。

（4）完善甲方责任、建立监管机制。建设单位要依照法定建设程序办理工程质量监督、工程安全监督、施工许可证，并组织专家对地质灾害危险性进行评估。

（5）依法施工生产、认真履行职责。施工单位要认真吸取事故教训，根据地质灾害危险性评估报告制定、落实符合法定程序的施工组织设计、专项安全施工方案；委派具有相应执业资格的项目经理、施工技术人员、安全管理人员，认真监督管理施工现场安全生产工作；认真做好安全生产教育，严格按照相关标准全面落实各

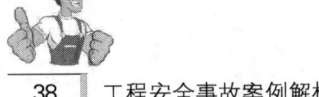

项安全措施。

（6）明确安全职责，强化监督管理。监理单位应认真履行监理职责，严格审查、审批施工组织设计、安全专项方案及专家论证等相关资料，发现安全隐患和管理漏洞时，应监督施工单位停止施工，责令认真整改，待验收合格后方可恢复施工。

2.3 安徽省合肥市"5·30"沟槽坍塌事故

一、事故简介

2007年5月30日，安徽省合肥市某市政道路排水工程在施工过程中，发生一起边坡坍塌事故，造成4人死亡、2人重伤，直接经济损失约160万元。

该排水工程造价约400万元，沟槽深度约7m，上部宽7m，沟底宽1.45m。事发当日在浇筑沟槽混凝土垫层作业中，东侧边坡发生坍塌，将1名工人掩埋。正在附近作业的其余名施工人员立即下到沟槽底部，从南、东、北三个方向围成半月形扒土施救，并用挖掘机将塌落的大块土清出，然后用挖掘机斗抵住东侧沟壁，保护沟槽底部的救援人员。经过约半个小时的救援，被埋人员的双腿已露出。此时，挖掘机司机发现沟槽东侧边坡又开始掉土，立即向沟底的人喊话，沟底的人听到后，立即向南撤离，但仍有6人被塌落的土方掩埋。

根据事故调查和责任认定，对有关责任方作出以下处理：施工单位负责人、项目负责人、监理单位项目总监等4名责任人移交司法机关依法追究刑事责任；施工单位董事长、施工带班班长、监理

单位法人等 13 名责任人分别受到罚款、吊销执业资格证书、记过等行政处罚；施工、监理等单位受到相应经济处罚。

二、原因分析

1. 直接原因

沟槽开挖未按施工方案确定的比例放坡（方案要求 1:0.67，实际放坡仅为 1:0.4），同时在边坡临边堆土加大了边坡荷载，且没有采取任何安全防护措施，导致沟槽边坡土方坍塌。

2. 间接原因

（1）施工单位以包代管，未按规定对施工人员进行安全培训教育及安全技术交底，施工人员缺乏土方施工安全生产的基本知识。

（2）监理单位不具备承担市政工程监理的资质，违规承揽业务并安排不具备执业资格的监理人员从事监理活动。

（3）施工、监理单位对施工现场存在的违规行为未及时发现并予以制止，对施工中存在的事故隐患未督促整改。

（4）未制定事故应急救援预案，在第一次边坡坍塌将 1 人掩埋后盲目施救，发生二次塌方导致死亡人数的增加。

三、事故教训

（1）以包代管，终酿惨案。这是一项典型的以包代管工程。施工单位对所承包的工程应加强安全管理，做好日常的各项安全和技术管理工作，加强土方边坡的定点监测、提前发现事故险兆。

（2）深度超过 5m 的沟槽，施工前应组织专家论证，并严格按照施工方案放坡，执行沟槽边 1m 内禁止堆土的规定。

（3）监测不力，救援不及时。加强对沟槽施工边坡的安全检

查，及时发现事故隐患。施工单位应制定应急救援预案，当发生紧急情况时，应按照预案在统一指挥和确保安全的前提下进行抢险。

这是一起由于违反施工方案，现场安全管理工作缺失而引起的生产安全责任事故。事故的发生暴露出施工单位以包代管，监理单位不认真履行职责等问题。我们应从事故中吸取教训，认真做好以下几方面工作：

（1）沟槽施工采取自然放坡是土方施工保证边坡稳定的技术措施之一，必须根据土质和沟槽深度进行放坡。深度为7m的沟槽施工属于危险性较大的分项工程，不但要编制安全专项施工方案，而且还应进行专家论证，并建立保证安全措施落实的监督机制。

（2）按规定对土方施工人员进行安全培训教育及安全技术措施交底，提高其应急抢险能力。总包单位应按照规定制定"土方施工专项应急救援预案"，发生事故时，统一指挥、科学施救，才能避免事故扩大。

（3）落实工程总包、分包、监理单位的安全监督管理责任。严格按照相应资质等级，从事施工、监理活动。

2.4 湖南省永州市"9·21"楼房坍塌事故

一、事故简介

2006年9月21日，湖南省永州市某县粮食局酒店正在拆改施工的两层楼房突然坍塌，造成3人死亡、1人重伤、3人轻伤，直接经济损失92万元。

该酒店位于县粮食局院内，建于1998年5月，为两层砖混结构，房屋长15.24m，宽7.74m，每层均为3间，建筑面积约230m²，所有墙体均为240mm砖墙，二层楼面及屋顶为预制空心板。该房屋未经有资质的单位设计，也没有办理报建和质量安全报监等相关手续。

2006年9月初，酒店实际负责人因经营需要，决定对酒店进行局部拆除改建、重新装修，并将拆改、装修工程包给无资质的私人劳务队。该劳务队队长按照要求，口头描述了自己的施工方案，并于2006年9月2日开始施工。

9月21日下午，劳务队队长在现场指挥4名施工人员在2楼干活，2名施工人员在1层干活。17时左右，1名施工人员在队长的安排下修凿砖柱（剩余墙体）时，突然发生坍塌，导致屋面梁和整个屋面板全部倒塌，施工人员被埋压。

根据事故调查和责任认定，对有关责任方作出以下处理：该县粮食局局长、纪委书记、施工承包人等5名责任人移交司法机关依法追究刑事责任；粮食局副局长、办公室主任、房产局局长等4名责任人受到记过、警告等党纪、政纪处分；责成县粮食局、房产局向县政府作书面检查。

"9·21"永州市楼房坍塌现场

二、原因分析

1. 直接原因

（1）在凿除砖柱和墙体的过程中，由于受敲打导致砖柱内部结构受损，降低了其整体性、稳定性和承载力。经验算该砖柱上的集中荷载为171.35kN，其强度和稳定性均不能满足国家规范要求。按该砖柱（剩余墙体）宽度500~600mm（凿改后表面凹凸不平），取其中间值其宽度为550mm，而梁在此砖柱（剩余墙体）中间（包括梁垫）宽为300mm。因此，其每边仅有125mm长供新增梁支承，显然该支承长度达不到国家规范要求。由于上述缘故导致了二层柱（剩余墙体）、屋面梁和整个屋面板全面倒塌，并砸垮二层结构梁板。

（2）该装修工程未向房产管理部门申报，雇请无上岗证的人员从事作业。施工过程中施工人员违反操作规程，冒险盲目拆除承重墙体，造成房屋结构发生变化，所有砖柱梁板柱遭到破坏，使整栋房屋失稳坍塌。

2. 间接原因

（1）酒店实际经营管理负责人，在酒店装修工程中，未进行施工设计，未履行报批手续，未取得施工许可证，将酒店拆建、装修工程包给无资质的个人进行施工；在拆改时发现房屋屋顶出现裂缝，存在安全隐患问题后，未加以制止，也没有请技术鉴定部门鉴定评审。对装修拆改过程中施工人员的违章操作和冒险作业行为及承包人、劳务队长的违章指挥行为熟视无睹，未加制止。

（2）县粮食局对酒店管理不到位。首次，该局党委会议研究确定，酒店由局办公室负责管理，但自从酒店由个人承包后，局办公室没有履行对酒店的日常管理责任。当酒店负责人提出装修要求

时,局长主持召开党委会议进行研究,会上仅研究了装修资金问题,对装修工程应办理报批手续和明确酒店装修分管负责人以及安全生产等具体问题均未涉及。其次,粮食局在组织工程实施的过程中有所失职。2006年9月16日,县消防大队到酒店检查时,粮食局副局长作为陪同检查的局领导,对消防大队提出的装修要报批等注意事项,既未向局长汇报或在局相关会议上提出要求,也未督促酒店承包人采取相应整改措施。9月18日局长到装修现场检查,对拆除了间墙改变原来结构存在的安全隐患未作认真检查,未向酒店承包人提出办理装修工程报批手续等具体要求。最后,局领导班子成员对安全生产工作不重视,安全意识淡薄。

(3) 该县房产局对粮食酒店装修拆改工程未履行安全监管职责,存在失职行为。

三、事故教训

(1) 非法发包,最终酿成事故。县粮食酒店是这起事故的生产经营实体,酒店承包人将酒店发包给无资质的个人进行拆改、装修施工,施工过程中擅自改变房屋结构,从而导致事故的发生。

(2) 该县粮食局领导班子成员安全意识淡薄,对酒店管理不力。在酒店拆改装修实施过程中工作失职,在事故调查组对局领导班子成员进行调查取证时,集体作伪证,隐瞒局党委曾开会研究粮食酒店装修的事实。

(3) 该县房产局未认真履行职责,对工程监管不力。对粮食酒店拆改装修工程未履行其安全监管职能。

(4) 拆改装修工程承包人,其本人不具备施工资质和承包工程相应资格,违法承包。在安全措施不到位的情况下,违章指挥施工人员冒险从事拆改装修作业。

这是一起由于非法发包、违法施工、冒险作业而引发的生产安全责任事故。事故的发生暴露出建设和施工单位的管理者安全生产

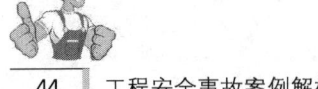

的法律意识淡薄，严重违反建设工程安全生产规范、标准等问题。我们应当吸取事故教训，做好以下几方面工作：

（1）严格落实各级安全生产责任制。政府有关部门应督促施工、建设、监理单位等各方履行安全生产职责，严格执行行政审批制度，对新建、改建、扩建工程项目要严格"三同时"审查。凡未按要求报审、报批的，要坚决停止施工，以确保安全生产处于受控状态。

（2）重点强化总包安全职责。施工单位要严格按照《中华人民共和国安全生产法》等法律法规，制定施工安全管理制度、安全操作规程，及时排查事故隐患，对于重大技术措施应严格执行审批备案制度。

（3）切实加强装修工程技术管理。建筑装修施工严禁拆改工程结构，主要就是防止因结构破坏发生事故。建筑拆除工程是比较复杂、危险的工作，拆除前，一定要认真研究设计图纸，分析原设计结构的受力情况，并实际查看当前结构变形及受损情况。

（4）进一步明确建设单位安全生产主体责任。建设单位要严格遵守建设工程质量安全法规，工程发包时要选用符合资质要求的设计、监理、施工单位，并保证安全投入，及时排查事故隐患。

2.5 黑龙江省大庆市"8·6"围墙倒塌事故

一、事故简介

2006年8月6日，黑龙江省大庆市福瑞家苑商住楼工程发生一起围墙倒塌事故，造成3人死亡，直接经济损失63.5万元。

该商住楼为18层框架结构，总建筑面积2.47万 m^2。于2006年3月15日开工建设。事发当日2时左右，施工人员在清理现场围墙外侧的碎石时，围墙突然倒塌，将3名施工人员砸在下面。

根据事故调查和责任认定，对有关责任方作出以下处理：施工单位项目经理移交司法机关依法追究刑事责任；施工单位总经理、副经理、项目工长等10人分别受到行政记过处分、吊销岗位资格证书、罚款等处理。

"8·6"大庆市围墙倒塌事故现场

二、原因分析

1. 直接原因

在施工的过程中，临时围墙被当作支挡碎石的挡土墙使用。同时围墙无墙垛，使围墙缺乏必要的稳定性。围墙内堆放的碎石对围墙产生向外的水平推力，围墙倒塌前已出现倾斜。加上在围墙外清理碎石过程中，铲车扰动了围墙地基土。在清理掉围墙外的碎石之后，平衡围墙内碎石向外的水平推力丧失，围墙失去支承，最终

倒塌。

2. 间接原因

（1）在施工过程中，现场管理和技术人员安全意识薄弱，缺乏责任心且专业素质欠缺，对施工中存在的安全问题存在侥幸心理。

（2）工程项目部拒不执行公司和有关部门提出的围墙安全隐患整改要求，在围墙已倾斜的情况下，强令施工人员清理围墙外的碎石。

（3）施工单位安全生产意识淡薄，安全生产责任制不落实，在围墙已倾斜的情况下，没有监督工程项目部整改。

（4）建设主管部门对该工程施工现场存在的事故隐患尤其是围墙外长期堆放碎石等明显隐患，监督管理不到位。

三、事故教训

（1）包括施工单位在内的建设各方应加强对施工现场临时设施的安全管理。尽管临时设施对于整个工程的价值和用处都相对较小，施工结束之后一般也会进行拆除。但是在施工过程中临时设施的施工也要遵循严格的安全要求，保证满足国家相关法律法规的要求，不能草草了事。

（2）政府有关责任部门应依法行政，切实履行职责。要及时对工程施工的安全管理和现场操作等环节和方面进行检查和监督，一旦发现问题或隐患，就要进行通知，并进行持续地跟踪落实，直到得到圆满解决，将事故隐患及时予以控制以至消除。

这是一起违反建设工程临时设施施工基本常识，拒不执行上级下达的隐患整改指令而引发的生产安全责任事故。事故的发生暴露出政府监管不到位，施工单位安全法律意识淡薄等问题。我们应认真吸取事故教训，做好以下几项工作：

（1）切实强化施工秩序，有效保障生产安全。这起事故是因施工管理混乱而造成的。施工现场未作总平面布置，材料随意堆放，挤压围墙，致使其产生变形、倾斜，且未采取加固措施。在用铲车清理围墙外侧堆放的砂石料时，扰动了围墙的地基土，从而加速了围墙的倒塌。围墙倒塌事故在其他地区也曾发生过。本案例再次提醒我们，施工现场必须作好平面布置，并按要求堆放物料和设置临时设施，否则会造成现场的混乱和无序，不仅影响施工生产，还会带来诸多事故隐患。

（2）维护社会的和谐与稳定是施工企业应尽的责任和义务。这起事故警示我们，施工现场临时围墙不仅关系围墙之内，更是涉及社会公共安全。一旦发生墙体坍塌事故，后果和社会影响都将极其恶劣，甚至影响社会的和谐稳定。

（3）高度重视临时构筑物的安全性。施工现场临时围墙既分隔施工生产区域，也关系到墙外社会人员的生命安全。因此使用砌筑结构的围墙应按照有关规范进行施工，并保证其强度和稳定性。对现场临时的、工作量小的施工任务，不能有丝毫的麻痹思想，必须按照正常的施工程序进行交底，并跟踪落实。施工现场内堆放物料时，应与围墙保持安全距离，防止堆放物料对墙体产生水平推力，导致墙体坍塌。

2.6 山东省文登市"6·6"景观桥坍塌事故

一、事故简介

2006年6月6日，山东省文登市水上公园15孔人行景观桥工程在施工过程中，发生整体坍塌事故，造成5人死亡、1人重伤，直接经济损失200余万元。

该桥设计全长171.4m，宽16m，为15孔不等跨空腹石拱桥，该桥架于28根桩支撑的14根盖梁上。于2005年3月开始橡皮坝基础施工，2006年3月开始拱桥主拱圈施工，砌筑顺序由桥南北两端同时向桥中心推进。5月8日开始搭设拱桥第6孔拱圈拱架、模板。5月24日完成了第6孔拱圈砌筑。6月6日上午7时，施工单位木工班长带领8名施工人员，进入第6孔拱圈施工现场进行拱架、模板拆除作业。其中6人分成两组，分别在拱架两侧同时进行架体拆除，另2名施工人员在下部予以配合。上午9时左右，第6孔拱圈顶部出现落沙，随即发生整体坍塌。

根据事故调查和责任认定，对有关责任方作出以下处理：施工单位经理、施工队长、木工班长3名责任人移交司法机关依法追究刑事责任；施工单位副经理、质检科科长、监理单位经理等15名责任人分别受到罚款、解除劳动合同、党内严重警告等党纪、政纪处分；施工、监理等有关责任单位受到相应经济处罚。

"6·6"文登市景观桥坍塌事故现场

二、原因分析

1. 直接原因

施工过程中没有对拱桥工程质量进行严格管理和控制，拱圈砌筑完成后在凝结硬化期遭遇暴雨引起拱架地基变形。拱圈局部应力发生变化，导致拱架支撑强度不足，造成拱架支撑钢管大面积弯曲变形。在这种情况下，未采取任何防范措施，冒险进行拱架拆除作业。

2. 间接原因

（1）施工单位无市政桥梁施工资质，违法承包市政桥梁施工工程，并将工程转包给无资质的单位施工。

（2）施工单位未按规定设置安全生产管理机构，未配备专职安全生产管理人员，未对施工人员进行安全生产培训教育。

（3）施工组织设计不符合国家有关施工标准、规范要求，且未经监理单位审查批准。拱架施工方案未进行强度、稳定性计算。

（4）监理单位只具有乙级房屋建筑监理资质，不具有市政桥梁工程监理资质，在这起事故中属无资质监理。

（5）监理单位未认真执行《建设工程监理规范》，未对施工单位提供的施工组织设计进行审批，对施工现场存在的重大安全生产事故隐患未及时发现并监督整改。

三、事故教训

这起事故的发生是由于施工单位不具备市政桥梁施工资质，监理单位不具备市政桥梁监理资质，安全管理混乱，施工人员缺乏安全生产知识而导致的。

这起事故也再一次提醒我们,一定要加强一线施工人员的安全生产培训教育。培训内容要根据工程、工种特点进行细化,一线施工人员最需要的安全生产知识其实就是什么是隐患、怎么发现隐患、发现隐患后应该怎么办。在本起事故中,施工人员如果在出现落砂时能够及时采取措施或者及时撤离,事故造成的损失就将大大减少。

这是一起由于违反《建筑法》、违背建设工程施工技术管理规范而引发的生产安全责任事故。事故暴露出在建设工程监管过程中存在重大漏洞等问题。我们应从中吸取教训,做好以下几方面的工作:

(1) 遵纪守法是建设工程各方的首要任务。这起事故中存在建设单位违法组织工程招投标和发包、无资质单位违法承揽工程并冒险施工、监理单位不认真履行监理职责等诸多问题。建设单位应严格遵照《建筑法》的相关规定,将建设工程发包给具有相应资质的施工单位。施工、监理单位应严格按照资质等级和范围,承揽施工、监理工程项目,杜绝超资质范围承揽工程项目,严禁非法转包。

(2) 施工技术措施是安全生产的基本保证。从施工图的审查来看,该设计按人行景观桥进行考虑,构造合理,符合有关规范要求。设计说明中对施工注意事项也作了比较详细的叙述。但是南侧第6孔拱圈在砌筑完毕后,在凝结硬化期恰逢暴雨,出现拱架地基变形,导致拱圈局部应力变化。在拱架拆除之前,也没有全面仔细检查予以发现,加上现场施工人员操作不当,导致拆除拱架时发生拱圈坍塌。

(3) 标准、规范必须作为施工生产的准绳。在施工组织过程中,未充分考虑到石拱桥拱脚可能出现的次生应力影响(如拱脚或拱圈局部出现变形,可能导致原不存在的水平推力或张力发生的情况,会出现变形过大导致失稳),在相邻孔拱圈未形成之前,不应拆除该孔拱架,应采用两套拱架施工,隔孔拆除。对于

模板支撑系统的设计应进行强度、稳定性计算,施工组织设计(方案)应符合《建筑施工组织设计规范》GB/T50502—2009 的要求。

2.7 北京市海淀区"2·21"临建房屋坍塌事故

一、事故简介

2006 年 2 月 21 日,北京市海淀区某仓储用房工程施工现场的临时活动房在拆除过程中,发生坍塌,造成 3 人死亡、16 人受伤。

该活动房南北长 24m,东西宽 5m,高 9m,是一座 3 层的轻钢结构外挂水泥石板活动房。当日,该工程总承包单位安排的施工人员已将 3 层屋面板及 2、3 层墙板拆除,仅剩 1 层墙板及 1、2 层顶板未拆。午饭后,32 名施工人员继续进行拆除作业。13 时左右,该房屋在拆除过程中突然发生坍塌。

根据事故调查和责任认定,对有关责任方作出以下处理:项目经理、土建工长、劳务队负责人等 4 名责任人移交司法机关依法追究刑事责任;总包单位主要负责人、现场总监理工程师、项目技术负责人等 6 名责任人受到记过、警告、留厂察看等行政处分;总包、分包、监理单位分别受到降低施工资质等级且暂扣安全生产许可证、停止投标资格等行政处罚。

"2·21" 临建房坍塌事故现场（一）

"2·21" 临建房坍塌事故现场（二）

二、原因分析

1. 直接原因

（1）临建用房拆卸作业前未制定专项方案。安全技术交底内

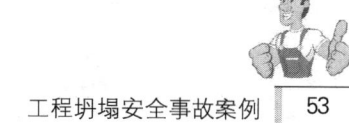

容中虽提出加设剪刀撑作为拆卸过程中钢架的临时固定措施，但未明确加设剪刀撑的位置、数量、方法等具体事项，使得安全技术交底不具可操作性。

（2）施工人员在拆卸临建用房过程中，未遵循规程所要求的先安装件后拆卸、后安装件先拆卸的原则，且在未按安全技术交底要求对房屋钢架采取加设剪刀撑临时固定措施的情况下，3层房屋同时进行拆卸，导致房屋水平失稳，最终酿成事故。

2. 间接原因

（1）总承包单位在中标后，将该工程的项目经理换为只有项目经理培训证、未取得项目经理执业资格证书的人员，从而使该项目主要领导在不具备资格的情况下，组织管理项目工作。

（2）现场管理混乱，安全管理不到位。项目部只对劳务队一名工长进行安全技术交底，而未按规定向劳务队伍的施工人员直接交底，致使其在不了解作业程序和危险因素的情况下盲目作业。拆卸过程中，现场管理人员安全管理不到位，对发现未按安全技术交底要求从上至下逐层拆卸、未加设剪刀撑、3层房屋同时有人进行拆卸作业等严重违章行为没有及时采取措施制止。

（3）现场监理人员未履行监理职责。现场监理人员发现作业人员进行临建用房拆卸作业后，未履行监理责任，既没有向施工单位提出制定施工方案及相关安全技术措施要求，也没有制止施工单位的严重违章作业行为。

三、事故教训

（1）总承包单位负责人违反《建设工程安全生产管理条例》规定，委派不具备执业资格的人员担任项目经理；总承包单位项目安全员，在临建用房拆卸现场检查过程中，发现作业人员未按安全技术交底要求加设剪刀撑作为临时固定措施后，未要求施工人员停

工整改。项目技术负责人对临建用房拆卸作业未组织编制技术方案，对安全技术交底审查不严，未对作业现场实施技术指导。

（2）总承包单位项目负责人，在不具备项目经理资格的情况下组织工程施工，从技术措施到现场作业疏于管理；负责临建用房拆卸作业组织和安全技术交底工作的土建工长，发现施工人员未按安全技术交底要求加设剪刀撑作为临时固定措施后，未能立即要求施工人员停工整改。

（3）劳务分包单位的劳务队负责人，在未对施工人员进行安全技术交底的情况下，盲目指挥施工人员进行临建用房拆卸作业。架子工长负责临建用房拆卸工作，未落实安全技术交底要求。

（4）监理单位现场总监，在临建用房拆卸施工过程中，没有履行监理职责。

这是一起由于违反施工技术规范、施工管理混乱而引发的生产安全责任事故。事故的发生暴露出施工单位从技术措施到作业管理存在严重缺陷等问题。我们应认真吸取事故教训，做好以下几项工作：

（1）强化落实安全技术规范。建设工程应加强对施工人员宿舍、办公室等临建用房的安全管理，进一步落实建筑施工单位的安全生产主体责任。同时加强对《建筑拆除工程安全技术规范》的宣传和贯彻落实，规范危险性较大分部分项工程的专项施工方案的编制、安全技术交底的内容和要求，以提高施工方案、安全技术交底的针对性。

（2）切实加强安全技术管理。通过加强安全技术交底工作的管理，保证交底内容落实到每一位施工人员身上，使他们掌握施工中安全技术措施的具体内容，以及保证措施得到实施的方法。同时，要进一步落实技术部门的管理职责，明确安全技术交底中技术部门负责监督落实的内容和管理责任，加强安全与技术部门在现场管理中的协调与配合。加强对施工单位主要负责人的安全生产培训教育，使其了解并掌握相关标准、规范的内容和要求，并贯彻到日常管理工作中。

(3) 进一步明确总、分包管理责任。总包单位应进一步明确对分包单位,特别是对劳务分包单位的管理职责。通过落实安全生产责任制,着力解决"以包代管、只包不管"等影响安全生产工作的普遍性问题。要按照国家法律、法规的规定,切实做好对施工人员有针对性的安全生产培训教育和考核工作。

(4) 依法配备安全管理人员。施工现场要依照《建筑施工企业安全生产管理机构设置及专职安全生产管理人员配备办法》(建质〔2008〕91号)等有关规定,配备足够数量的安全、技术、质量等专业管理人员,明确各部门及其工作人员的具体职责,加强对施工过程的管理,发现事故隐患要立即监督整改。同时要认真落实责任追究制度,严肃查处管理、施工人员的失职和违法、违规行为。

(5) 加强安全技术措施执行过程的管理。在这起事故中,施工人员在拆除临建用房时,未能按"先安装件后拆卸、后安装件先拆卸"这一基本原则进行拆除作业。且未按安全技术交底要求加设剪刀撑作为临时固定措施,使得这一完全可以避免的事故发生。这起事故的发生,究其根源,主要在于项目管理混乱,以包代管。项目经理不具备执业资格难尽其责,土建工长、项目安全员、项目技术负责人、现场总监亦严重失职。

2.8 云南省景谷县"2·21"房屋倒塌事故

一、事故简介

2006年2月21日,云南省景谷县半坡乡中心小学在拆除教室施工过程中，发生一起坍塌事故，造成3人死亡，直接经济损失15万元。

该小学拆除的教室为1幢砖木结构平房，共5间，建筑面积232m^2，属于景谷县中心小学排危项目。2月5日县教育局向县建设局提出了拆除申请，并于2月20日收到回复，要求必须委托具有3级以上（含3级）建筑施工资质的企业拆除，并报建设局审验备案。半坡乡中心小学以1400元的价格，通过口头协议（无书面协议）承包给半坡乡某村村民小组8名农民进行拆除。

事故当日，施工人员进行第4间教室的拆除时，将准备拆除墙体（240mm）的底部先打掉一块砖（120mm），然后用人力将墙体推倒，向里推倒北面墙体后，接着向外推南面墙体。第1次未推倒，第2次采取3名施工人员用竹杆撬、3名施工人员用手推的办法。当南面墙体被推倒时，由于受南面墙体倒塌振动与钢筋连接的影响，西面墙体随即向里倒塌，将在里面作业的3人压在墙体下。

根据事故调查和责任认定，对有关责任方作出以下处理：学校校长、总务主任、工程承包人3名责任人分别受到党内警告、罚款、撤职、开除党籍等党纪、政纪处分；该小学受到经济处罚；县教育局、建设局、乡人民政府等有关责任单位和人员受到通报批评、责令作出深刻检查等处分。

二、原因分析

1. 直接原因

现场施工人员违章操作，采用拆"神仙墙"的方式进行拆除作业，未按照《建筑拆除工程安全技术规范》施工，造成墙体突然倒塌。拆除现场没有设专职安全生产管理人员进行安全管理和指挥，未采取安全防范措施，盲目施工。

2. 间接原因

（1）拆除工程的承包方属于私人劳务队，不具备相应的施工资质、专业技术水平和安全管理水平，安全生产意识也相对较差。

（2）该中心小学将工程发包给不具备建筑施工资质的个人，安全管理缺位，安全责任不落实，未能及时制止违章施工作业行为。

（3）乡人民政府和县教育局未认真进行督促检查，没有及时发现存在的问题，安全检查督促不到位。

（4）县建设主管部门没有对该拆除工程进行监管，没有及时制止违法施工行为，安全监管不到位。

（5）该中心小学和县教育局未严格执行建筑施工报批程序，违反了建筑房屋拆除许可的有关规定。

三、事故教训

（1）发包单位安全生产法制意识淡薄，将工程发包给不具备建筑施工资质的个人，埋下了重大事故隐患。上级主管单位对其违法违规行为未及时制止，安全管理不到位。

（2）该拆除工程由不具备资质的私人劳务队进行施工，其不具备安全管理能力。现场施工人员安全意识淡薄，违章操作，未采取安全防范措施，自我保护能力差，拆除工序不符合规定，不具备相应的施工能力。

这是一起典型的违法发包建筑拆除工程、造成人员伤亡的事故案例，反映出当前在我国广大乡镇和农村安全生产基础管理工作薄弱，建筑工程项目发包单位法制意识淡薄、当地政府和主管部门管理缺失、施工人员安全意识和技能低下、不具备施工能力等问题。只有通过各种途径大力宣传贯彻安全生产法律、法规，增强广大从业人员的安全意识，通过各种教育和培训提高操作技能，才能有效

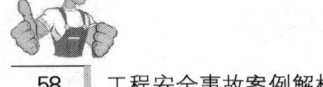

避免此类事故的再次发生。

（1）安全技术规范是施工安全生产的基本保证。《建筑拆除工程安全技术规范》中"施工准备"3.0.2中规定："建设单位应将拆除工程发包给具有相应资质等级的施工单位"；"人工拆除"4.1.3中规定："人工拆除建筑墙体时，严禁采用掏掘或推倒的方法"。这起事故中，拆除队伍非合法企业，无施工资质，并在拆除过程中使用明令禁止的方法。

（2）建筑市场规则是施工安全生产的重要因素。严格按照建筑工程有关法规要求，规范市场准入，严禁将建筑拆除工程项目发包给不具备施工资质和施工能力的单位或个人。当地政府和主管部门要切实履行安全生产监管职责，加强隐患排查，强化日常监管。

（3）安全培训教育是施工安全生产的必要手段。加强各级领导的安全培训教育，增强安全生产法制意识，充分认识安全生产的重要性，切实履行好安全生产工作职责。通过各种途径，宣传和教育广大从业人员，增强安全生产意识，提高个人操作技能和自我保护能力。

2.9 重庆市南岸区"1·17"边坡坍塌事故

一、事故简介

2006年1月17日，重庆市南岸区某商住楼工程在进行边坡治理的施工过程中，发生一起边坡坍塌事故，造成4人死亡，直接经济损失76.2万元。

该工程为商住小区，项目用地22286m^2，总建筑面积92359m^2。

现场3、4号楼地下车库边坡东西长约80m，南北长约45m，高约5m~7m，边坡切面近90°。当天共有5名施工人员进行锚杆钻孔作业。15时左右，当施工人员将两台钻机分别送上脚手架的第1层和第3层（高约7m），做接水管和电缆线等开钻前准备工作时，在搭设脚手架的地方，有长约11m，高约4m~6m，重约200多吨的岩体突然断裂坍塌，瞬间将部分脚手架掩埋。脚手架下4人中有3人被埋，1人被脚手架钢管紧紧压住。

根据事故调查和责任认定，对有关责任方作出以下处理：项目经理、土方分包负责人、监理单位现场代表等7名责任人分别受到撤销职务、记过等行政处分和相应经济处罚；总包、监理、专业分包单位分别受到相应经济处罚。

二、原因分析

1. 直接原因

该工程边坡上部为0.5m左右的杂填土，下部为泥岩和砂岩，顶部未采取封闭措施，导致雨水渗入，软化了结构面使结构面抗剪强度降低。且基坑边坡采用直立开挖的方法，致使岩体处于临空状态，且未及时采取支护措施，导致边坡岩体发生突然脆性破坏而断裂坍塌。

2. 间接原因

（1）总包和边坡专业分包单位对该岩体所存在的危险性估计不足。边坡治理专业分包单位未按边坡治理措施方案严格实施，未制订锚杆钻孔作业方案，未严格执行房屋建筑分包有关规定。

（2）监理单位对该项目的监理不到位，项目监理负责人没有认真履行职责。

三、事故教训

（1）边坡专业分包单位虽然与总包单位签订了《锚杆工程分包协议》，但对整个施工过程未履行其管理责任，没有制订专项施工方案，放任一名既无资质又无职位的人员代表公司全面实施《锚杆工程分包协议》，致使该工程存在的隐患未能及时发现并得到有效的控制。以上行为违反了建设部124号令《房屋建筑市政基础设施工程分包管理办法》第九条、《中华人民共和国建筑法》第二十六条和《中华人民共和国安全生产法》第十七条第四项的有关规定。

（2）总包单位虽然编制了《边坡处理措施方案》，但对边坡因地质情况可能产生的危害估计不足，安全措施不力，且未能严格贯彻落实。虽然与分包单位签定了《锚杆工程分包协议》，但未向分包单位提交有关资料，整个边坡治理过程、施工方案、具体技术的指导、作业进程的安排都是由分包单位实施。

（3）监理单位虽然对总包单位的边坡处理措施方案提出了"立即与建设方协商，联系有边坡资质资格的设计单位和施工单位对边坡进行治理"的意见。但当总包单位未提供有资质单位进行设计、提出新的处理方案时，监理单位未能坚持自己的意见，也未对施工现场的违规冒险作业予以制止，且未向建设行政主管部门报告，使得项目失去了有效的监理。

这是一起由于安全生产管理缺失和安全技术措施不到位引发的生产安全责任事故。事故的发生暴露出建设工程施工各方日常安全生产管理工作缺失等问题。我们应认真吸取事故教训，做好以下几方面工作：

（1）树立法律意识。建设、施工、监理等工程建设各方责任主体应严格遵守国家有关安全生产的法律、法规，牢固树立"安全第一，预防为主、综合治理"的方针，认真贯彻落实安全生产

责任制。树立安全责任重于泰山的意识,克服麻痹大意的思想,杜绝违章作业。坚持依法办事,规范操作。加强对施工过程和现场的监管力度,不论项目大小都必须依法履行安全生产职责,严格施工方案审查,按《建筑工程施工组织设计规范》编制有关施工方案。

(2)依法组织生产活动。该工程规模虽然不大,但专业性较强,施工单位没能按照《建筑法》及有关安全生产法律法规,编制专项施工方案和制定安全技术措施,并跟踪贯彻落实。该项目以不规范的方式分包给了一名不具备建筑施工管理资格的人员,由其代表公司实施,总包和专业分包单位均未严格执行房屋建筑工程分包有关规定。

(3)加强技术防范。这起事故反映出建设工程施工生产缺少技术措施或技术措施不到位,往往是安全生产的最大"杀手"。土方坍塌事故与其他事故相比,险兆最为明显,只要定点定时实施监测,就能及早通过边坡的沉降或位移判断事故先兆,及时采取措施,避免人员伤亡。

(4)强化监管效能。监理单位要严格按照监理规范和有关规定,认真履行安全生产监理职责,督促施工单位落实好安全生产责任制,及时消除事故隐患,防止出现安全生产监管的盲区。监理单位要有效制止施工生产中的不规范、不安全的现象和行为。

2.10

广西大化"9·19"模板支架坍塌事故

一、事故简介

2014年9月19日下午1时许,河池市大化县某中学二期工程

实验综合楼项目（建筑面积 13470m²）在进行屋面构架混凝土浇筑施工作业时，发生模板支撑体系坍塌，导致正在作业的 3 名工人坠落，造成 2 人死亡、1 人轻伤。该项目建设单位是大化县教育局，施工总承包单位是大化县 A 公司，监理单位是广西 B 公司。

二、原因分析

造成该事故发生的直接原因有梁板柱混凝土同时浇筑，模板木支撑外侧立杆直接搭设在外脚手架上，立杆材质、拉结、垂直度不符合要求，外脚手架搭设不符合要求等。间接原因有施工、监理单位未履行工序验收程序，管理人员履职不到位，未按专项施工方案施工，未正常开展日常安全教育培训和安全检查活动等。

三、事故教训

（1）梁、板、柱不宜同时浇筑混凝土。
（2）外架不能做支撑系统，拉结应规范牢固。
（3）支撑系统木立杆尾径应不小于 8cm。
（4）错误的操作不一定酿成事故，但事故一定是错误的操作造成的。这一点必须时刻谨记！

2.11 崇左市天等县"6·18"坍塌事故

一、事故简介

2012 年 6 月 18 日下午，崇左市天等县天宝北路广西沙钢锰业有限公司30万吨硅锰合金扩建工程2号炉施工平台在施工过程中混凝土梁和脚手架发生坍塌，塌方面积有200多平方米，8名工人从20余米高的楼顶随钢筋混凝土坠落被埋。3人当场死亡。

"6·18"施工平台坍塌事故现场（一）

"6·18"施工平台坍塌事故现场（二）

二、原因分析

（1）锅炉房17m高大模板支撑失稳，模板支架采用单层支撑。

（2）项目未报建报监、监理未进场，监管缺失。

（3）高大模板支撑方案套用底层支撑方案，企业未审批、未经专家论证。

三、事故教训

（1）高大模板必须按要求编制专项施工方案并经专家论证。
（2）模板支架不能单层支撑。
（3）完善监管手续是为了提升安全保障力。

2.12 南宁市"3·26"脚手架坍塌事故

一、事故简介

2015年3月26日，南宁江南区下津路工地厂房脚手架突然坍塌，在拆除外架作业时发生坍塌事故，架体上17人坠落至地面，最终导致3人死亡，3人重伤，7人轻伤。

"3·26"脚手架坍塌事故现场（一）

"3·26"脚手架坍塌事故现场（二）

二、原因分析

1. 直接原因

根据调查，事故发生的直接原因是三号标准厂房南面外脚手架使用了不合格扣件且未按专项施工方案搭设；施工作业人员违规将拆除的钢管、扣件及脚手板堆放于架体上增加荷载，导致架体失稳坍塌。

2. 间接原因

事故发生的间接原因，一是施工单位A公司安全生产管理混乱，江南区工业标准厂房建设项目部未认真履行安全教育培训、安全技术交底职责，违规使用未经抽样送检合格的钢管、扣件等材料。二是劳务单位B公司未履行安全教育培训和安全技术交底程序，违规组织外脚手架拆除作业等。

另外，监理单位C公司未监督施工单位使用经检测检验合格的钢管、扣件等材料，巡查发现安全隐患未排除情况下，准许施工单位实施三号标准厂房外脚手架拆除作业等。而建设单位D公司

未依法履行项目业主职责。此外，江南工业园区管理委员会以及建设行政主管部门履行安全监督职责不到位。

三、事故教训

（1）项目施工安全生产为动态过程，一时规范不等于长久安全（必须时刻警醒）。

（2）外架的连墙件等重要安全措施不能随意拆除。

（3）外架切记不得随意堆载。

2.13 湖北省襄樊市"1·16"沟槽坍塌事故

一、事故简介

2006年1月16日，湖北省襄樊市某下水道工程施工现场发生一起沟槽坍塌事故，造成4人死亡、3人受伤，直接经济损失96.46万元。

事发当日，该工程施工人员正在进行下水道沟槽挖土施工时（沟底深度4m～4.5m），沟壁突然坍塌，1人被埋。正在附近作业的13名施工人员马上围到事发地点扒土抢救被埋者。数分钟后沟壁发生二次坍塌，将参与抢救的6人掩埋。

根据事故调查和责任认定，对有关责任方作出以下处理：施工单位项目负责人、监理单位现场监理员、项目委托负责人等3名责任人移交司法机关依法追究刑事责任；施工单位负责人、建设、监理单位法人等8名责任人分别受到吊销执业资格、暂停执业资格1

年、罚款等行政处罚或留党察看、记过等党纪、政纪处分；建设、施工、监理单位和政府有关责任部门分别受到罚款、通报批评等行政处罚。

二、原因分析

1. 直接原因

施工单位在沟槽开挖施工过程中，未按施工规范和设计要求设置边坡，经对事故现场勘查，施工坡度比例仅为1:0.12，远未达到原设计1:1的要求；施工堆土未按规范要求堆放，堆土平均高度达3m左右，且堆土距槽边没有留出安全距离，导致槽壁上部荷载过大，进一步造成沟槽壁土方失稳，引发坍塌。

2. 间接原因

（1）建设单位在尚未取得施工许可的情况下，擅自开始工程建设。在工程变更后（原设计下水道管底深度为1.7m～2m，修改后管底深度为4m～4.5m），未按规定送有关部门审查，仅以会议形式提出要求，为事故的发生埋下了隐患。

（2）建设单位和招标办对招标条件审查把关不严。施工单位负责人在既不是法人，也没有受法人委托的情况下参加投标。建设单位作为招标人、招标办作为业务管理部门，在该项工程的招标过程中，未按照法律规定对施工单位的投标资格进行严格审查。

（3）施工单位违规施工，救援不力，对施工人员安全生产培训教育缺失。事故地点开挖深度达4m多，是该工程易发生重大事故的部位，施工单位却没有相应的事故应急救援预案。事故刚发生时，受到伤害的只有1人。与后来发生大面积坍塌、事态扩大之间间隔约8分钟，施工单位却没有组织好现场施救工作。现场人员缺乏培训，不具备相关救援知识，在未采取有效防范措施的情况下，

盲目施救,导致事态扩大,致使最终造成更为严重的后果。

(4) 监理单位未严格履行安全生产监理职责。授权无监理工程师执业资格人员担任现场监理工程师,导致现场监理不具备履行职责的能力,未能对上述安全隐患发出监理通知要求整改或停工,未尽到监理职责。尤其严重的是,事发时现场监理员居然不在现场,完全失去了监理作用。

三、事故教训

(1) 该工程建设、施工、监理单位对于下水道管底深度由 1.7m~2m 修改为 4m~4.5m 这一重大变更缺乏安全敏感性,未采取有效措施加以管理。尤其是施工单位在未按施工规范和设计要求留置坡度和堆土的情况下,又未采取槽壁支护措施,从而酿成大祸。

(2) 施工单位没有制定施工现场生产安全事故应急救援预案。排水管沟槽槽壁坍塌,将 1 名现场人员埋压入沟底后,施工人员严重缺乏安全意识,导致现场无组织施救,因救援不当而导致事态扩大、后果加重,这再次充分证明了救援预案和施工人员安全教育的重要性。

(3) 监理单位未严格履行监理职责,主管部门监管不力,对于该工程施工过程中存在的诸多隐患,如工程更改设计,下水道沟渠挖深达 4m 多而未采取任何支护措施,土方堆放时未与沟沿留出足够的安全间距等,均未能及时采取有效措施予以制止。

(4) 由于建设单位和招标办对投标人资格审查不严,导致不具备投标资格的施工单位中标。建设单位未严格执行基建程序,未经许可而开工,这些都为事故的发生留下了隐患。

这是一起由于违反施工技术规范和施工方案,监督检查不到位而引发的生产安全责任事故。事故的发生暴露出该工程从招、投标到施工组织等一系列过程中监管缺失的严重问题。我们应认真吸取

事故教训，做好以下几方面工作：

（1）建设单位要严格执行基建程序。依法办理建设项目前期相关审批手续。严格执行设计施工图纸管理的有关规定，施工图纸设计文件的变更必须依法履行相应手续。

（2）施工单位应严格落实安全生产主体责任。完善规章制度、操作规程，严格执行《中华人民共和国安全生产法》及建筑施工安全生产的有关法规、标准，尤其是要重视施工现场安全生产事故应急救援预案的制定，并定期组织演练；加强施工现场管理，加强施工人员安全生产培训教育，严格奖惩考核；加强日常安全检查，及时整改隐患。

（3）监理单位要加强监理人员的上岗资格培训工作。要加大投入，按标准配齐有执业资格的监理人员。同时还要完善制度，规范建设工程安全生产监理行为，严把安全生产关，认真履行安全生产监理职责。

（4）高度重视事故预警防范措施。事故应急救援预案是通过对事故的危险性分析进行预警，制定科学有效的抢险救援方法和步骤；有效减少人员伤亡和财产损失的指导性文件。这起事故充分反映出事前不制定预案，当事故发生时，盲目组织施救，往往会导致事态扩大，造成次生事故的发生。如果发生第一次坍塌后，施救人员能够按照应急救援预案采取科学有效的防范措施，也就不会徒增人员伤亡。

（5）依法行政，有效监督保障安全。各级政府负有安全生产监督管理职责的部门要牢固树立"以人为本"的观念，提高对于安全生产工作重要性的认识，增强做好安全生产工作的责任感和紧迫感。一是按照《中华人民共和国安全生产法》和《建设工程安全生产管理条例》，严格落实建设工程各方主体的安全责任；二是依法履行安全生产监管职责，进一步强化建筑安全生产监管力度；三是严把建筑施工安全生产市场准入关，坚持标准，严格前置许可；四是加强对建设工程项目的招投标管理，严格审查投标人的资

质资格条件；五是加大安全培训教育力度，提高安全监管人员、施工企业管理人员的素质。

2.14
黑龙江省哈尔滨市"1·4"基坑坍塌事故

一、事故简介

2006年1月4日，黑龙江省哈尔滨市某勘察设计院经济适用住房工程发生一起基坑土方坍塌事故，造成3人死亡、3人轻伤，直接经济损失61.7万元。

该工程建筑面积30000m²，2005年12月31日，该工程在建设单位未获得施工许可证，未确定工程监理单位，未办理建设工程安全监督手续等情况下开工。

事发当日18时左右，施工单位项目部在组织施工人员挖掘基坑时，靠近周边小区锅炉房一侧的杂填土发生滑落。为保证毗邻建筑物锅炉房和烟囱安全，21时，施工单位开始埋设帷幕桩进行防护。23时，2名施工人员在基坑内进行帷幕桩作业时，突然发生土方坍塌，将其中1人埋入坍塌土方中，坑上人员立即下坑抢救，抢救过程中发生二次土方坍塌，导致人员伤亡。

根据事故调查和责任认定，对有关责任方作出以下处理：项目技术负责人、项目工长2名责任人移交司法机关依法追究刑事责任；建设单位负责人、施工单位经理、项目经理等11名责任人受到罚款、吊销执业资格或行政记过处分；施工、建设等单位受到吊销企业资质、罚款等相应行政处罚。

二、原因分析

1. 直接原因

施工单位未按施工程序埋设帷幕桩，帷幕桩抗弯强度及刚度均未达到《建筑基坑支护技术规程》JGJ120—99 的要求；在进行帷幕桩作业时，未采取安全防范措施；毗邻建筑物（锅炉房）一侧杂填土密度低于其他部位，在开挖土方和埋设帷幕桩时，对杂填土层产生了扰动，进一步降低了基坑土壁的强度，导致坍塌事故发生；施工单位在抢险救援过程中措施不力，致使事故灾害进一步扩大。

2. 间接原因

（1）建设单位未按照《中华人民共和国建筑法》等有关法律法规要求认真履行职责。在未取得施工许可证、未委托工程监理、未向施工单位提供工程毗邻建筑物保护和深基坑支护等安全防护设计方案、未办理建设工程安全监督手续等施工手续的情况下，默许施工单位进行施工，对施工单位超范围违规作业制止不力，导致工程管理和施工现场安全监管失控。

（2）施工单位未按照《建设工程安全生产管理条例》等有关法律法规的要求履行职责，未严格落实安全生产责任制和建立健全安全生产制度。在未取得施工许可证和制定毗邻建筑物保护及深基坑支护等安全防护施工方案，没有办理建设工程安全监督手续及未与建设单位签订工程合同的情况下超范围违规作业。施工现场管理混乱，安全检查和安全防范措施不到位，安全培训教育工作不到位，从业人员缺乏应有的安全意识和自我保护能力；未能认真制定和实施事故后应急救援预案，致使抢险救援过程中发生二次坍塌，导致事故灾害进一步扩大。

三、事故教训

（1）建设单位作为一个省级的勘察设计院，一是未向施工单位提供工程毗邻建筑物保护、深基坑支护等安全防护设计方案；二是设计的帷幕桩抗弯强度及刚度均未达到《建筑基坑支护技术规程》JGJ120—99 的要求；三是未要求施工单位组织专家对深基坑工程专项施工方案进行论证审查；四是未能认真审查基坑工程等危险性较大工程的安全专项施工方案并监督实施。加之没有对深基坑开挖深度 3 米以上范围附近的地质状况、建筑物、构筑物等情况进行调查，就盲目组织开工建设，甚至放弃对工程的监督管理，默许施工单位未治理就盲目进行深基坑人工挖掘，导致技术防范缺失、工程管理混乱、安全监管失控。

（2）施工单位未建立健全安全生产保障体系，安全生产基础管理工作滞后。施工单位违背《中华人民共和国安全生产法》、《建设工程安全生产管理条例》以及《黑龙江省建设工程安全生产管理办法》的要求，未遵守安全施工的强制性标准，未严格落实安全生产责任制和建立健全安全生产管理制度，未办理建设工程安全监督手续，未与建设单位签订工程合同的情况下超范围违规作业，颠倒了帷幕桩的施工程序，在基坑部分形成后才进行帷幕桩施工，使其失去其支挡作用。

这是一起由于违反施工技术规程、施工单位安全生产保障体系不健全而引发的生产安全责任事故。事故的发生暴露出建设工程各方主体责任不明确、安全监管缺失等问题。我们应认真吸取事故教训做好以下几方面的工作：

（1）进一步强化工程建设各方主体责任。这起事故中，工程建设各方主体管理不到位。建设单位违法擅自组织开工建设，且未委托有资质的单位进行监理，甚至放弃对工程的监督管理。施工单位不履行职责，施工现场管理混乱，安全检查和安全防范措施不到

位,安全培训教育工作不到位;未能认真制定和实施应急救援预案,从业人员缺乏应有的安全意识和自我保护能力,野蛮施工、盲目抢险导致事故灾害进一步扩大。

(2) 重点加强基础工程安全技术保障。基坑坍塌是容易发生群死群伤的事故类型,近年来为减少这类事故的发生,国家相继颁布了《建筑工程预防坍塌事故若干规定》等文件。但是基坑施工的安全隐患在许多施工现场屡见不鲜,未能引起相关单位和人员的重视。因此,还要加强建筑基坑安全管理工作。

(3) 健全完善安全生产责任追究制度。当时,有关安全生产的法律、法规、标准、规范以及各级的规章制度比较健全,关键是"执行力"不足,有法不依,有章不循。在经济利益的驱动下,个别企业和领导置施工人员生命安全于不顾,将"以人为本"的要义仅仅停留在口头上。当一个企业对各种标准、规定、要求不贯彻、不执行,施工中出现事故就有其必然性;一个不懂法的领导或不掌握规范、标准的管理者指挥安全生产,那就是最大的隐患。

(4) 严格按照施工规范、程序组织施工。施工单位要建立和完善安全生产保障体系,建立健全安全生产责任制;施工作业过程中严格按照施工方案进行作业,要加强现场安全检查,不违章指挥,不超范围违规作业;认真制定和实施事故应急救援预案;强化安全培训教育,提高从业人员的安全意识和自我保护能力,尤其是应对突发事件的处理能力。建筑施工必须按照规范要求对危险性较大的分部分项工程编制专项施工方案。

(5) 强化各方安全生产责任。建设、设计、施工、监理单位要严格按照有关的建筑安全法律法规的要求,承担各自的安全生产责任。施工单位对基坑工程等危险性较大的分部分项工程编制专项施工方案,经相关方审查同意签字后,方可进行施工,对达到论证规模的基坑应组织专家进行审查论证,进一步加强对危险性较大工程的安全管理。

2.15 甘肃省定西市"7·4"化粪池坍塌事故

一、事故简介

2005年7月4日,甘肃省定西市某学校学生公寓楼在施工过程中,其东侧加建的化粪池发生一起土方坍塌事故,造成4人死亡、1人轻伤,直接经济损失18万元。

该公寓楼建筑面积7320m^2,工程造价548.4万元。其中3号公寓楼加建的化粪池计划开挖长10m,宽3.1m,深5.5m。由项目部经理与学校校长以口头协议形式承包施工。7月3日,挖至5.4m左右时,由于坑道太深,无法将坑中的土运出。晚上下班后,施工人员用4根立杆、4根横杆,上面置铁皮,搭建了临时中转架板。7月4日下午2时开工后,班长带领8名施工人员继续开挖,下午3时左右,厕所西墙及坑道东面的土方突然坍塌,将在坑底作业的5人埋入土中。

根据事故调查和责任认定,对有关责任方作出以下处理:施工班长移交司法机关依法追究刑事责任;施工单位董事长、项目经理、学校校长等6名责任人分别受到吊销执业资格、罚款等处罚或警告、通报批评等处分;施工、建设、监理等单位受到相应行政和经济处罚。

二、原因分析

1. 直接原因

(1) 该学生公寓楼地处湿陷性黄土区,事故发生前多次降雨,造成基坑周边土壤含水量增大。据现场土质测定，坍塌土方含水量为9.8%~12.5%，正常含水量应在7%左右。边坡土壤含水量增高，一方面溶解土壤中的可溶盐，另一方面在微粒间起着润滑作用，使土壤颗粒黏结力削弱，同时在自重作用下，土壤原有结构遭到破坏，强度也随之迅速降低，这是导致事故发生的诱因。

（2）施工过程中，施工人员未按规范要求放坡，未采取必要的基坑支护措施，违章指挥、违法施工是事故发生的直接原因。

2. 间接原因

（1）该学校对化粪池基坑工程未按规定向建设主管部门申报，未进行勘察、设计，未与施工单位签订书面合同，导致此工程脱离相关部门的有效监管，是造成这起事故发生的重要原因。

（2）施工单位对存在隐患的化粪池工程，未制定施工组织设计和专项施工方案。作业前未进行安全技术交底，未对施工作业人员进行安全教育培训和提供必要防护用品，施工现场未配备专职安全员，现场安全管理薄弱。

（3）施工人员缺乏安全生产常识，自我保护意识差，违章冒险进入基坑作业。

（4）施工单位对所属项目经理部在安全管理上存在漏洞，安全管理不到位是造成这起事故的又一重要原因。

三、事故教训

（1）该校作为建设单位，对化粪池基坑工程未进行勘察、设计，未按规定向市建设行政主管部门申报，未与施工单位签订书面合同，导致此工程脱离相关部门的有效监管。

（2）施工单位项目经理作为项目负责人，未组织编制安全施工组织设计和专项施工方案。作业前未进行安全技术交底，未对施工人员进行安全教育培训，未对边坡进行定点监测，当基坑边坡发

生沉降或位移时，未能及时预警。施工现场未配备专职安全员，现场安全管理薄弱。

（3）施工班长在组织施工过程中，未按《建筑边坡工程技术规范》设置基坑边坡或采取支护措施，对施工过程中的安全隐患认识不足，未采取必要的防护设施，违章指挥。施工人员缺乏安全生产常识，冒险作业。

这是一起由于违反施工技术规范而引发的生产安全责任事故。事故的发生暴露出施工单位在技术管理和安全管理方面都存在重大缺陷。我们应认真吸取事故教训，做好以下几方面工作：

（1）建设工程技术管理是安全生产的主要保障。缺少技术措施盲目施工，就等于是在制造事故。深基坑施工，对于诸如地下水位较高、雨期施工、软土地基和流砂等土质条件、周边建筑、道路影响产生不均匀沉降等问题，都必须在编制施工方案时一并考虑。除此之外，还要编制抢险救援预案。

（2）施工单位在技术管理方面存在缺陷，土方工程要根据土质状况编制施工组织设计和安全专项施工方案，按照规范设置边坡或采取基坑支护措施。基坑周边定点定时实施监测，发现沉降或位移超过设计要求时，及时预警并采取相应措施防止事故发生。施工过程的监督检查是安全生产的有效手段。施工单位一是要进一步健全完善各项安全管理制度，规范劳务队伍、从业人员的管理和使用，抓管理、查隐患，切实加强对所属项目部的管理，认真开展对项目主体和附属工程的安全检查，杜绝此类事故的再次发生。二是要加强安全教育和培训，提高员工自我保护意识，教育从业人员严格遵守安全操作规程，遵守劳动纪律，自觉抵制违章指挥和冒险作业行为。

（3）政府依法监管是维护建筑市场秩序的重要措施。政府有关安全生产主管的部门要从本次事故中吸取教训，进一步强化建筑市场管理，完善安全生产责任制，落实建设项目安全评价制度，加大安全生产监管力度，及时排查各类事故隐患，严防此类事故再次发生。

2.16 东营市"4·28"坍塌事故

一、事故简介

2014年4月28日7：05分，A公司在地处东营市东营区的B公司（以下简称万通海欣仓储公司）球形罐区施工工地，对5000m³液化气球罐（编号V0105）进行现场制造（组焊）作业时，发生球罐内操作平台坍塌事故，共造成5人死亡、6人受伤，直接经济损失540万元。

施工单位在完成V0105球罐现场制造的支腿预制、定位块焊接、组队工序施工后，于2014年3月15至17日搭设V0105球罐内外操作平台（搭设人员系现场施工队长李某联系郑某，郑某从劳务市场找来的8名无相应特种作业操作资质的人员），经勘验该球罐内操作平台不符合《建筑施工扣件式钢管脚手架安全技术规范》（JGJ130-2011）要求。3月23日，球罐现场制造的调口工序施工完成，球罐外部焊接施工开始，4月25日完成外部焊接施工作业。因天气原因，球罐内部焊接施工作业推迟到2014年4月28日。28日6：45分，现场施工队长李某组织12名组焊人员进入万通集团球形罐区施工工地5000m³液化气球罐（编号为V0105）内部，登上罐内约20m高的操作平台进行球罐上极板焊接作业。7：05分，操作平台突然坍塌，作业面上11人瞬间坠落（当班共12人，其中1人因作业位置处于固定在球罐内壁上的临时工作平台，未受到伤害）。

二、原因分析

1. 直接原因

违规搭设 V0105 球罐内操作平台，搭设技术不符合《建筑施工扣件式钢管脚手架安全技术规范》（JGJ130—2011）（以下简称技术规范）要求，内操作平台稳定性不能满足球罐内焊接作业的安全生产条件，导致操作平台整体失稳坍塌。经现场勘查、调查取证、查阅资料、询问有关人员，并经综合分析认定：V0105 球罐内操作平台结构、搭设质量等方面存在严重问题，不能满足作业面焊接作业的安全条件。具体表现为：

（1）内操作平台步距过大，经抽查约为 2.2m～2.4m（技术规范规定脚手架底层步距不应大于 2m，其他不应大于 1.8m），纵横距为 1.9m（技术规范规定最大不应大于 1.3m）。

（2）球罐内操作平台底部立杆无固定支撑点，局部未见扫地杆，部分扫地杆搭设不符合技术规范要求。

（3）现场跳板固定形式为 14 号铁丝单股固定（参照技术规范规定，应使用 12 号铁丝双股固定）。

（4）球罐内操作平台为多排井字架，缺少水平支撑系统，无一字撑或剪刀撑。

2. 间接原因

（1）A 公司及油建金属结构厂、项目部安全生产主体责任不落实，违规分包，现场安全措施落实不严格。胜利油建公司违反《特种设备安全法》、《特种设备安全监察条例》（国务院 549 号令）及《球形罐施工规范》、《固定式压力容器安全技术监察规程》（TSG R0004—2009）和《锅炉压力容器制造许可条件》等相关规定，将球罐组焊发包给不具备相应资质的 C 公司，并于事后补办公司内部审批手续；对油建金属结构厂隐患排查治理工作，特别是对省市政府组织开展的安全生产资质检查专项行动落实不力，未发现无资质组焊单位施工，使用无资质安全生产管理、脚手架搭设人员等安全生产管理漏洞失察。油建金属结构厂作为事故球罐制作、安装合同及施工的具体实施者，违规发包；允许无任何资质的李景军施工队进行组焊施工；对隐患排查治理工作，特别是省市政府组织开展的安全生产资质检查专项行动落实不力；任命、使用无安全生产管理资质和能力的人员作为安全员，导致项目部安全管理存在大量漏洞；对现场项目部隐患排查治理落实不力，特别是无资质人员搭设组焊用操作平台、施工现场安全管理混乱，操作平台施工专项方案存在重大隐患、操作平台验收不严格、不具备安全生产条件投入使用等失察。

现场项目部允许无任何资质的李某施工队进行组焊作业；允许无相应资质的施工人员进行操作平台搭设；提名、使用无相应资质安全生产管理人员；对操作平台搭设不使用专项方案、搭设不符合技术规范隐患排查治理不力；对操作平台验收不严格，在操作平台严重不符合技术规范、不能保证组焊施工人员安全的情况下，允许投入使用。

（2）C公司资质达不到相应要求承揽组焊施工工程，出借资质，违规转包。该公司在不具备相应资质的情况下，违反相关规定，承揽球罐组焊施工；在收取管理费后转包给无任何相应资质的顺庆公司；对承揽工程安全生产未作任何管理。

（3）D公司无任何相应资质承揽工程，违规转包。该公司在不具备任何相应资质的情况下，违反相关规定，承揽球罐组焊施工；赚取差价后转包给无任何资质的李景军施工队；对承揽工程安全生产未作任何管理。

（4）李某施工队违规施工，雇佣无资质架子工搭设操作平台，违规将不具备安全生产条件的操作平台投入使用。该施工队无任何资质承揽事故球罐组焊施工工程；雇佣无资质、无相应专业技术知

识的架子工搭设操作平台；对操作平台施工无专项方案、不按照技术规范施工；李景军不具备相应专业技术知识、对搭设的操作平台验收不严格、允许不符合技术规范要求的操作平台投入使用、违章指挥组焊施工人员进行施工。

（5）B 公司未将发包的球罐制作、安装工程安全管理工作纳入统一管理，未与承包单位签订安全协议，对外来施工队伍安全生产管理混乱监督、管理不力，对 A 公司等单位违规分包转包、不具备相应资质的外来施工队伍违规施工失察。

（6）监理公司未认真履行项目监理职责，监理工作存在不到位、不严格的现象。该公司对工程多次转包监理不到位、不严格，没有及时发现和处理；对球罐项目施工组织设计方案审查、审核不严格、不细致，在操作平台施工方案内容简单、不能满足规范搭设要求、存在重大安全隐患的情况下，通过球罐项目施工组织设计方案审查、审核；对不符合规范搭设的球罐内操作平台搭设工程不检查、不制止、不报告、不处理。

（7）市、县质监部门行业监管责任落实不力，安全生产打非治违、生产经营单位资质专项检查工作存有死角。

①东营区质量技术监督局，未认真按照有关法律法规履行辖区内特种设备安全监察职责，落实安全生产资质检查专项行动不到位，对辖区内无资质承揽工程、无资质施工监督不力，打非治违工作存有"死角"。

②东营市质量技术监督局，作为胜利油建公司的安全生产监管部门，安排部署全市特种设备生产企业资质专项检查不到位，对特种设备行业安全生产管理监督检查、督导不到位，对无资质特种设备制造施工队伍打击不力，对特检院监检工作不到位监督检查不力，致使无资质施工队伍承揽特种设备制造施工工程。

（8）市、县安监部门职能发挥不全面，督导有关部门落实行业监管不得力。

①东营区安监局，督促企业落实安全生产主体责任不到位，对

万通集团与油建公司未签订安全生产协议检查不细致;督促落实全区安全生产资质检查专项行动不到位,安全生产综合监管工作不到位。

②东营市安全生产监督管理局,作为履行全市安全生产综合监督管理部门,协调指导行业主管部门抓安全工作措施不力。

(9)地方人民政府属地管理责任落实不到位,指导督促安全生产工作不力,"打非治违"工作不彻底。东营区人民政府贯彻落实安全生产法律法规政策规定和上级部署要求不到位,未完全履行属地安全生产领导责任,组织辖区内开展安全生产大检查和资质检查专项行动不到位,未能督促有关部门依法履行安全生产监督管理职责。

三、事故教训

经调查认定,A公司液化气球罐内操作平台"4·28"较大坍塌事故是一起生产安全责任事故。经验教训如下:

(1)生产经营单位要依法经营,切实落实主体责任。A、B、C公司等生产经营单位要深刻吸取此次液化气球罐组焊内操作平台"4·28"较大坍塌事故的沉痛教训,依法生产经营,严格按照许可范围从事生产经营活动,不得出借资质、违规发包、承包和施工。要严格执行压力容器制造、安装的有关法规、标准规范,使用有相应资质的单位和施工人员依法依规施工。要建立健全隐患排查治理制度,落实企业主要负责人的隐患排查治理第一责任,实行谁检查、谁签字、谁负责,做到不打折扣、不留死角、不走过场。要深入开展安全生产资质检查专项行动,防止将工程、施工发包或雇佣无相应资质单位、队伍、人员施工;将外来施工队伍纳入本单位安全生产的统一管理,督促施工队伍落实安全生产主体责任。中央企业不管在什么地方,必须依法接受地方的属地监管、行业监管。

(2)主管部门管行业必须管安全,切实落实行业监管责任。

市、县两级质监等有关部门,坚持管行业必须管安全、管业务必须管安全、管生产经营必须管安全和"谁发证谁负责"的原则,把安全责任落实到领导、部门和岗位。要严格落实行业监管责任,依法依规,严管严抓。要继续深化省政府组织开展的安全生产资质检查专项行动,并建立长效机制,杜绝不具备相应资质生产经营单位特别是无资质单位的违规生产、施工。县区安监局要切实履行综合监管职能,积极协调、督促有关部门履行职责,为党委、政府当好"防火墙",为全市经济社会建设营造良好的安全生产环境。

(3) 县区政府要严格履行职责,切实落实属地管理责任。东营区等各级政府及其有关市属开发区管委会,要牢固树立科学发展、安全发展理念,把安全生产纳入经济社会发展总体规划,建立健全"党政同责、一岗双责、齐抓共管"的安全生产责任体系。在发展区域经济、加快城乡建设的过程中,要始终坚持安全生产的高标准、严要求,在招商引资、上项目中不能降低安全标准,不能不按相关审批程序搞特事特办,不能违规"一路绿灯"。政府经济建设、企业生产经营与安全生产发生矛盾时,必须服从安全生产需要;所有项目、工程、设备设计、制造、建设、使用必须满足安全规定和条件。各级人民政府要加强本行政区域特种设备安全生产工作的领导,督促有关部门依法履行职责,对本行业连续发生较大事故的实行"一票否决",防止类似事故发生。

(4) 进一步明确职责,切实加强设备安装工程、特种设备制造安装工程领域的安全生产监管。各级政府、安委会及住建、质监等有关部门,要认真按照《安全生产法》、《建筑法》、《特种设备安全法》及有关法律法规的要求,进一步明确各自对设备安装工程和特种设备制造安装工程领域的安全生产监管职责、责任主体,依法加强监管;要切实加强工程承发包的管理,防止不具备相关资质的单位违法承包;切实加强外来施工队伍的监管,防止类似事故发生。

3 模板坍塌安全事故案例

3.1 西安市凯玄大厦附着式脚手架倒塌事故

一、事故简介

2011年9月10日上午8时30分许,位于西安市玄武路与未央路交叉口东北侧的凯玄大厦在建30层高楼,正在该楼东侧外墙作业的附着式脚手架突然20~23层坠落,致使正在做外墙装饰的12名工人被压,当场造成7人死亡、5人受伤,均为颅脑重型损伤,胸、腹部多处骨折;在救治过程中有3名伤员因伤势过重,抢救无效死亡,这次事故共造成10人死亡、2人受伤,整个倒塌过程不到5秒。因涉嫌重大责任事故罪,对凯玄大厦建设负责人范政等负有直接责任的13人予以刑事拘留。

"9·10"凯玄大厦施工现场

"9·10"凯玄大厦事故现场

二、原因分析

1. 直接原因

作业人员违规、违章作业是造成该起事故发生的主要原因。

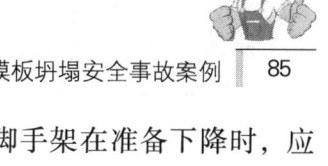

(1) 严重违规。按照规定,附着式脚手架在准备下降时,应先悬挂电葫芦,然后撤离架体上的人员,最后拆除定位承力构件,方可进行下降。但在这次事故中,作业人员在没有先悬挂电葫芦、撤离架体上人员的情况下,就直接进行脚手架下降作业,导致坠落,是造成这次事故的直接原因。

(2) 严重违章。按照附着式脚手架操作相关规定,脚手架在进行升降时一律不准站人。而在这次事故中,脚手架在下降时站有12人。

2. 间接原因

(1) 该工程建设单位为村民小组,工程项目未履行法定建设手续,未办理规划许可证和施工许可证,未办理质量安全监督手续,施工单位挂靠、违法分包等现象,为事故发生埋下了重大隐患。

(2) 施工现场疏于管理,特别是施工现场的指挥协调、施工组织、作业交底、安全防护等环节的责任落实、技术保障和措施执行等存在漏洞。

(3) 施工作业人员安全培训不到位,对作业中的风险识别不清;安全意识淡薄,心存侥幸,冒险违规违章作业。

三、事故教训

这是一起典型的由于施工人员现场违章操作,引发的重大生产安全责任事故。

(1) 加强承包商施工作业人员安全培训教育,提高安全意识、责任意识和作业风险辨识的能力,坚决杜绝"三违"行为。

(2) 强化施工现场管理,扎实开展隐患排查、治理工作,严格落实施工企业安全生产责任制,加强监督考核。

(3) 严把脚手架材料材质关、施工技术方案关、施工技术交底关和脚手架搭设检查确认关等关口,加强源头管控,坚决杜绝带

病运行。

（4）强化监理单位履职责任，加大对施工现场安全生产的监管力度，把事故消灭在萌芽状态。

3.2 湖南省长沙市"4·30"模板坍塌事故

一、事故简介

2008年4月30日，湖南省长沙市上河国际商业广场工程在施工过程中，发生一起模板坍塌事故，造成8人死亡、3人重伤，直接经济损失339.4万元。

该工程位于长沙市马王堆路东侧，由商业裙楼和4座塔楼组成，人工挖孔桩基础，框架剪力墙结构，地上25~30层，在第4层设置转换层，建筑总高度98m，建筑面积10万m^2，工程造价6870万元。

事发当日8时左右，按照项目部安排，泥工班长带领9名泥工开始裙楼东天井加盖现浇钢筋混凝土屋面施工，12时左右，天井屋面从中间开始下沉并迅速导致整体坍塌。

根据事故调查和责任认定，对有关责任方作出以下处理：施工单位项目经理、项目技术负责人、监理单位董事长等7名责任人移交司法机关依法追究刑事责任；施工单位法人、副经理、监理单位项目总监等11名责任人员分别受到吊销安全生产考核合格证、吊销执业资格、撤职等行政处罚；施工、监理单位分别受到吊销安全生产许可证、责令停业整顿等行政处罚。

3　模板坍塌安全事故案例

"4·30"项目施工现场

"4·30"模板坍塌事故现场

二、原因分析

1. 直接原因

（1）天井顶盖模板支撑系统搭设材料不符合要求，据抽样检测，钢管壁厚不合格率为55%，钢管力学性能试验合格率只有

22%，扣件力学性能合格率只有19.2%，对接扣件抗拉性能合格率70%；搭设不符合要求，横杆步距较大，未设置剪刀撑。

（2）天井浇筑施工中出现局部塌陷，现场施工负责人未立即撤离天井屋面作业人员，仍违章指挥工人冒险作业。

2. 间接原因

（1）施工组织混乱。模板支撑系统搭设无专项施工方案、未组织专家论证、未组织技术和安全交底。

（2）安全管理混乱。施工、监理单位未正确履行职责，安全检查流于形式。

（3）安全生产培训教育不落实。施工人员无特种作业资格证，未经岗前安全教育，缺乏必要的安全生产常识和自我保护能力。

（4）安全监管工作不落实。有关主管监管人员未及时发现和处理安全生产违法、违规行为，对于发现的违法行为也未依法予以处理。

三、事故教训

（1）无论是建设、施工、监理、设计还是勘察单位，在项目、实施过程中都要严格执行《中华人民共和国建筑法》、《建设工程安全生产管理条例》等国家相关法律法规的规定，任何违法、违规的行为都可能造成重大责任事故的发生。而一旦发生事故不管是对于企业还是个人来说，都将造成不可挽回的损失。

（2）模板支撑系统的搭设选材一定要严格按照相关国家和行业的标准、规范严格执行，任何不合格产品的入场都会造成不可估量的损失。

（3）施工现场发现违章指挥、冒险作业时，任何人都有责任在第一时间制止，这样才能将事故消灭在萌芽状态。

这是一起由于违章指挥、冒险作业而引发的生产安全责任事

故。事故的发生暴露出施工单位施工组织混乱、安全管理缺失、检查不到位等问题。我们应认真吸取教训,做好以下几方面工作:

(1) 施工单位应当加强对模板支撑系统搭设作业的安全管理。必须要根据工程实际情况,针对不同高度、不同跨度、不同荷载和不同工艺,进行详细计算,编制安全专项施工方案;现场必须安排专门人员进行安全管理,确保其按照方案搭设;作业前,项目负责人或技术负责人必须向全体施工人员进行安全技术交底;搭设完成后,项目部和监理单位相关专业人员应认真进行检查验收。

(2) 施工参建各方要加大安全生产管理力度,有效提高执行力。这起事故最令人痛心的是在浇筑施工中出现局部塌陷的情况时,未能及时停止作业,撤出作业人员。而是继续违章指挥、冒险作业,最终酿成了8死3伤的惨剧。这也提醒广大一线施工人员,不能存在任何侥幸心理,要提高安全意识。遇到违章指挥时,施工作业人员有权利拒绝以确保施工过程中的人身安全。

(3) 政府要不断完善建筑安全监管体制。有关安全监督管理机构要及时解决监管力量与监管任务不适应的矛盾,严格落实巡查制度,落实监管人员的职责,切实督促建设单位严格按照规划设计施工。要把对于模板支撑系统的监督检查作为工作重点,检查中发现不符合要求的,应责令整改并负责督促落实,及时消除事故隐患。

3.3
广西桂县"5·13"模板坍塌事故

一、事故简介

2014年5月13日上午8时15分左右,桂林市临桂县六塘镇公共租赁住房项目（建筑面积 2538m²，工程造价 380 万元，5 层框架结构，山墙两侧各设一个楼梯间）在进行一侧楼梯间屋面混凝土浇筑施工时发生坍塌事故，共造成 5 人死亡、2 人重伤。2014 年 5 月 13 日早上 8 时许，砼施工组开始砼浇筑作业，此时，在楼梯间屋面板的总共有 9 人，浇筑采用梁板柱同时浇筑的方式进行，楼梯间屋面板浇筑从天沟开始，8 时 10 分，于某下楼与混凝土泵车司机进行沟通，同时安排泥工唐某到楼梯间屋面板负责测量混凝土厚度，8 时 15 分，当浇筑完天沟，进行天沟拦板及框架柱浇筑时，发生了屋面板模板整体倒塌，在楼梯间屋面板作业的 9 人中，站在内侧的泵车司机潘某和负责测量混凝土厚度的泥工唐某 2 人从楼梯间屋面板跳到顶层大屋面脱险，木工及泥工总共 7 人从楼梯间屋面板坠落至地面，4 人摔伤，被立即送往医院救治，其中蒋某、唐某、王某 3 人经医院抢救无效死亡；另 3 人被坍塌的建筑材料掩埋，经紧急搜救，李某当场死亡，另 2 人送往医院抢救。其中李某某经抢救无效死亡。事故共造成 5 人死亡、2 人受伤，直接经济损失 444.039 万元。

现场勘验：抛出物约 10 米，立杆未断裂，测算水平推力约 1.5 吨。

"5·13"模板坍塌事故现场

二、原因分析

(1) 顶棚木支撑叠层搭设。

"5·13"项目木支撑搭设现场图

(2) 外飘屋檐用外架支顶,无水平拉结。

"5·13"项目外架支顶屋檐

（3）梁、板、柱同时浇筑。

"5·13"坍塌现场

综上：监管责任缺失。

三、事故教训

模板支架不能叠层搭设。梁、板、柱不能同时浇筑混凝土。外架不能做支撑系统；合理配备作业人员数量（该操作面仅30m² 左右，最高峰时上了9个人）；加强现场监管。

3.4
重庆市秀山县"12·4"模板坍塌事故

一、事故简介

2008年12月4日，重庆市秀山县某水泥公司改造项目施工现场，在浇筑混凝土过程中，发生模板支撑系统坍塌事故，造成4人死亡、2人轻伤，直接经济损失约192万元。

该公司2500吨/天新型干法生产线技术改造项目，辅助原料破碎平台工程为单层现浇框架结构，长33m，宽8.5m，结构层高9.6m~9.727m，建筑面积为280m²。事故当日16时左右，施工人员正在对该工程平台混凝土现浇板进行浇筑，当浇筑到2/3时，发生了①轴—②轴/A轴—B轴现浇模板钢管支撑系统整体坍塌。

根据事故调查和责任认定，对有关责任方作出以下处理：项目常务副经理、现场监理工程师、土建工程分包负责人3人移交司法机关依法追究刑事责任；总包单位经理、总监理工程师、土建分包单位经理等4名责任人受到相应经济处罚；总包、土建分包、监理等单位受到相应经济处罚。

"12·4"模板坍塌事故现场

二、原因分析

1. 直接原因

现浇混凝土模板支撑系统钢管立杆间距、大横杆步距和剪刀撑的设置不符合安全技术规范的要求，不能满足承载力的需要，加载后致使模板支撑系统失稳。

2. 间接原因

（1）未按工程建设强制性规定编制安全专项施工方案，该工程属于高大模板工程，按规定需要编制安全专项施工方案，并组织专家论证后方可实施，但该工程只是按经验进行施工。

（2）未严格按施工组织设计实施，平台现浇板模板支撑系统基础未进行填平处理压实，立杆直接置于回填用的片石和块石上，并且立杆间距、步距、剪刀撑严重不符合施工组织设计和脚手架安全生产技术交底的相关要求，不能满足承载力的需要；加载后造成标高 9.6~9.727m 平台立杆失稳。

（3）施工工序不合理，在上午浇筑的柱子混凝土强度还不能满足加载要求的情况下进行现浇板的施工，进一步增加了不合格模板支撑系统的荷载，导致事故的发生。

（4）安全生产培训教育不到位。特种作业人员无证上岗，该工程使用的 8 名架子工没有一人经过培训取得特种作业资格证书。

（5）未按照《建设工程安全监理规范》和工程建设强制性标准实施监理。对于模板施工无安全专项施工方案、无专家论证审查意见这一情况，工程总监及监理人员未加制止，更未提出整改要求，施工组织设计也没有经过总监审核签署意见。在该工程模板支撑系统严重不符合规范的情况下，就在项目部自检的验收合格表上签字确认并签发了混凝土浇筑许可证。在浇筑过程中，发现模板支撑系统出现异常摆动的情况，仅通报施工单位负责人，而没有采取强制性措施停止混凝土浇筑，导致事故的发生。

（6）现场安全管理失控。该工程是一起以包代管的典型案例，实际施工队伍是由挂靠的个人出资聘请安全员和其他管理人员组成的，施工人员由各班组长负责聘请、管理和付报酬。施工单位从未派人到该工程进行检查。由于该工程存在多次转包和私人挂靠等问题，致使安全管理失控。

三、事故教训

（1）必须严格执行有关规定，对于危险性较大的分项工程必须编制安全专项施工方案，超过一定规模的危险性较大的分部分项工程应由专家对安全专项施工方案进行论证。

（2）加强施工管理，严禁工程挂靠和违法转包，杜绝以包代管的现象。

（3）加强安全生产培训教育力度。杜绝未经培训教育的人员上岗从事特种作业。

（4）监理单位必须严格地审核施工组织设计和专项施工方案，并参加验收工作，对不符合规范和方案要求的，坚决不允许施工。

这是一起由于未按工程建设强制性规定编制安全专项施工方案、施工工序不合理、模板支撑系统搭设不符合安全技术规范要求引起的生产安全责任事故。事故暴露出施工现场安全管理失控、监督管理缺失等问题。我们应认真吸取事故教训，做好以下几方面工作：

（1）切实加强安全专项方案管理。从调查的情况看，这起事故中没有编制安全专项施工方案，也就无法进行论证。特别是在基础未填平、压实的情况下，施工人员随意支搭，立杆就直接置于回填土用的片石和块石上，并且立杆间距、横杆步距、剪刀撑设置等严重不符合规范和施工组织设计的要求，不能满足承载力的需要。

（2）科学合理安排工期。从施工管理上分析，该工程工期不合理。为赶工期，在基础未回填夯实的情况下就在上面支搭模板支撑系统。由于基础不实、受力不均，造成立杆受力不均。加上工序安排不合理，柱、板连续浇筑，上午浇筑完柱子，下午接着浇筑顶板，因柱子混凝土强度不能满足规范允许的加荷要求，随即进行顶板的施工，进一步增加了不合格的现浇模板钢管支撑体系的荷载。

（3）牢固树立生产经营的法律意识。在这起事故中，非法转

包、以包代管，导致施工安全管理失控。从当时市场的情况看，有些工程不但主体结构进行了转包，而且转包给与施工资质不符的单位、私人，挂靠施工，他们没有技术力量来保证施工质量和安全。转包以后，总包单位往往以包代管，根本不派人到现场进行指导管理，由转包单位组织施工，造成安全管理失控。

（4）安全生产培训教育要突出针对性。这起事故中，违反《中华人民共和国建筑法》和《建设工程安全生产管理条例》的违法行为突出，违反技术规范和安全规程的行为明显，涉及建设工程的相关法规和制度没有真正能落实到班组，特别是安全生产培训教育缺少针对工程特点的实质内容，不能使施工人员真正认识到安全工作的重要性。因此要加强安全培训教育工作，特别是加强施工人员进场的安全教育和特种作业人员的安全技术培训，提高其安全意识和自我保护能力。

（5）完善工程监理的安全保证体系。要明确每个监理人员的安全职责及管理范围，实行安全监督与施工监督相结合、安全预防与过程监督相结合、安全监理工程师巡视与现场监理人员检查相结合的施工安全监督工作制度。在健全审查核验制度、检查验收制度和督促整改制度的基础上，完善安全例会、定期检查及资料归档等制度，针对薄弱环节及时提出整改意见，并督促检查落实。

3.5 天津市开发区"5·13"模板坍塌事故

一、事故简介

2008年5月13日，天津市经济技术开发区某通信公司新建厂房工程，在施工过程中发生模板坍塌事故，造成3人死亡、1人重伤。

发生事故的厂房东西长151.6m，南北宽18.75m，建筑面积33074.8m²，为钢筋混凝土框架结构，地下1层，地上3层，局部4层，层高6m，檐高23m。

工程于2007年12月18日开工，2008年5月7日已先后完成桩基施工、地下室、首层和二层主体结构。事发当日，在对第3层6～10轴段的柱和顶部梁、板进行混凝土浇筑作业时，已浇筑完的8～10轴段的3层顶部突然坍塌（坍塌面积约为700m²），在下面负责观察和加固模板的4名木工被埋压。

根据事故调查和责任认定，对有关责任方作出以下处理：总包单位总经理、项目经理、劳务单位法人等6名责任人分别受到记过、撤职并停止在津执业1年、罚款等行政处罚；总包、劳务分包等单位受到停止在津参加投标活动6个月、吊销专业资质、罚款等行政处罚。

二、原因分析

1. 直接原因

（1）施工单位在组织施工人员对第3层6～11轴段的柱和梁、板进行混凝土浇筑作业过程时，擅自改变原有施工组织设计方案及施工技术交底中规定的先浇筑柱，再浇筑梁、板的作业顺序，而是同时实施柱和梁、板浇筑，使在8～10轴段区域的6根柱起不到应有的刚性支撑作用，导致坍塌。

（2）施工单位未按照模板专项施工方案和脚手架施工方案进行搭设，架件搭设间距不统一，水平杆步距随意加大；未按规定设置纵、横向扫地杆；未按规定搭设剪刀撑、水平支撑和横向水平杆，致使整个支撑系统承载能力降低。

2. 间接原因

（1）施工单位编制的模板专项施工方案和脚手架施工方案对主要技术参数未提出具体规定和要求，对浇筑混凝土施工荷载没有规定；在搭设完模板支撑系统及模板安装完毕后，没有按照规范、方案要求进行验收，即开始混凝土浇筑作业；压缩工期后，未采取任何相应的安全技术保障措施；施工管理方面，在项目部人员配备不齐，技术人员变更、流动的情况下，以包代管，将工艺、技术、安全生产等工作全部交由分包单位实施。

（2）监理单位未依法履行监理职责，未对工程依法实施安全监理。对施工单位擅自改变施工方案进行作业、模板支撑系统未经验收就进行混凝土浇筑等诸多隐患，没有采取有效措施予以制止，未按《建设工程监理规范》等有关规定下达《监理通知单》或《工程暂停令》。

（3）该开发商在与总包等单位签定压缩合同工期的协议后，未经原设计单位，擅自变更设计方案，且在协议中又约定了以提前后的竣工日期为节点，从而为施工单位盲目抢工期、冒险蛮干起到了助推作用。

三、事故教训

这起事故的发生，与施工过程中存在的严重违章指挥、违章施工是密不可分的。违章指挥和施工不仅存在于模板支撑系统的搭设过程之中，在混凝土的浇筑过程中更是屡见不鲜。违章指挥和施工所带来的结果，不仅直接导致工程施工面临了更多的风险和安全隐患，而且最终会造成事故。浇筑混凝土作业中，未执行施工组织设计，现场管理人员和技术人员均未及时出现和制止，说明施工管理失控，对劳务分包形成"以包代管"甚至"只包不管"。另外，这起事故中造成伤亡的主要是在混凝土浇筑作业面垂直下方的施工人

员,这既违反操作规程也不合常理,直接反映出一线施工人员安全培训教育的缺失和内容缺乏针对性,这类问题必须引起广大施工单位及管理人员的重视。

这是一起由于违反施工方案而引发的生产安全责任事故。事故的发生暴露出施工单位存在技术管理缺陷和监理单位安全监督缺失等问题。我们应认真吸取事故教训,做好以下几方面工作:

(1)加强对工期合理性的监管与控制。建设单位不能盲目压缩工期,要依据实际施工情况合理要求,若工期必须提前时,应将设计、技术、施工、安全等各方面进行统一协调,制定可行的变更方案,进行施工。

(2)加强施工方案执行过程的监督。施工单位在施工过程中要严格执行已审批的施工方案、施工工艺顺序,施工人员擅自变更施工方案、施工顺序的,工长要及时制止、纠正。施工单位编制施工方案时要依据规范要求,选用合理的技术参数。本道工序未经验收不得进行下道工序。工期、工艺有变更时要制定安全保证措施。

(3)强化监理安全职责。监理单位要严格按照《建设工程监理规范》认真履行监理职责,发现存在安全隐患的,应当要求施工单位及时整改,发现重大隐患的要采取强制措施,拒不整改的要及时向有关部门报告。

3.6 陕西省宝鸡市"3·13"模板坍塌事故

一、事故简介

2008年3月13日,陕西省宝鸡市扶风县法门寺合十舍利塔正

圣门工程在浇筑混凝土梁板过程中，发生一起模板支撑系统坍塌事故，造成 4 人死亡、5 人受伤，直接经济损失约 150 万元。

发生事故的正圣门东 A 区建筑为单层框架钢筋混凝土结构，东西宽 21m，南北长 28m，梁板标高为 20.5m。工程于 2007 年 6 月开工，采用满堂红钢管脚手架作为梁板支撑系统，于 2007 年底搭设完毕。2008 年 3 月 12 日 17 时开始浇筑混凝土，混凝土总量为 300m³，经过连夜施工，13 日上午已浇筑 260m³，10 时左右，当浇筑快要结束时，高跨①～④轴部位的模板支撑系统发生突然坍塌，造成作业面正在浇筑混凝土的 8 名施工人员和 1 名在架体下方巡查的人员被埋压。

根据事故调查和责任认定，对有关责任方作出以下处理：施工单位经理、项目经理、监理单位总监等 9 名责任人分别受到吊销执业资格证书、吊销安全生产考核合格证书、撤职、罚款等行政处罚；施工、监理、劳务等单位分别受到罚款、吊销施工资质等行政处罚。

二、原因分析

1. 直接原因

在搭设正圣门模板支撑系统过程中，劳务队没有按照施工方案进行搭设，立杆间距和横杆步距严重超过了方案的要求。方案要求立杆排距和列距均为 600mm，水平横杆步距为 1500mm，架体底部垫板采用 60mm×80mm 方木。但现场实际搭建的模板支撑系统立杆间距多为 1030mm～1820mm，最大间距为 2020mm，水平横杆步距为 1560mm～1750mm，部分底部垫板采用 50mm×70mm 方木，整个架体未设置剪刀撑，经计算，立杆钢管承受的实际抗拉（压）强度值达到 279.865N/mm²，达到了立杆设计允许抗拉（压）强度值 205N/mm² 的 1.37 倍。正是由于模板支撑系统存在严重的质量问题，导致稳定性和载荷力不足，承受不了如此大面积的混凝土浇筑量而坍塌。

2. 间接原因

（1）隐患整改不力。项目部安全员在事发前的安全检查中发现模板支撑系统立杆间距过大、连接不可靠、缺少剪刀撑、扣件质量不合格等比较明显的隐患，但没有跟踪落实其整改情况，隐患没有得到及时的整改，最终酿成事故。

（2）安全生产培训教育工作不到位，从事高空危险作业的劳务人员没有特种作业资格证；事故中伤亡的9名劳务人员均是3月上旬从农村招来的，进场后未接受过相关业务培训和安全教育就直接上岗。

（3）施工秩序混乱。在施工过程中，项目部发现模板支撑系统未按施工方案搭设，要求劳务队进行整改，但在隐患没有消除，又未对体系搭设质量进行验收的情况下，为赶工期，便匆匆安排混凝土浇筑。

（4）监理单位监督不到位。现场两名监理人员，均无监理工程师证书。对支撑系统没有进行验收，对隐患没有督促整改，在混凝土浇筑作业中没有履行"旁站"职责。

（5）安全管理不严。项目部虽然建立了安全生产责任制和14项安全管理制度，但制度落实不到位，特别是安全跟踪检查不到位，用人和劳务分包机制不完善，手续不健全，劳务队在进行梁板混凝土浇筑作业时，既未采取有效的安全防护措施，又无专人现场负责。

三、事故教训

这是一起典型的不尊重科学、盲目压缩工期而造成的事故。工程建设项目要有合理的施工工期，特别是对危险性较大的施工项

目，要按专项方案施工，并一定要把好验收关口。工程建设各方要严格落实自身安全生产主体责任，履行安全管理职责，尊重科学，遵法守纪，合理安排施工生产。

这是一起由于违反施工方案导致模板支撑体系承载力不足而引发的生产安全责任事故。事故的发生暴露出该工程施工管理混乱、隐患整改不力等问题。我们应认真吸取事故教训，做好以下几个方面的工作：

（1）严格施工方案审批。这起事故中，施工单位虽然编制了安全专项施工方案，但对方案的可行性未进行专家论证。且施工方案未真正落实到班组，未起到指导班组施工的作用。建议工程要严格技术方案的审批，特别是对高大模板支撑系统方案要进行必要的验算，严格履行编制、审核、审批和专家论证程序，从方案上把好关。同时要尊重科学，确定合理的施工工期，防止因工期过紧而加大工程建设中的安全风险。

（2）加强施工过程监控。由于该工程现场管理混乱，高大模板支撑系统随意支搭，无人指导、无人把关，造成模板支撑系统实际承重能力低于要承受的混凝土重量，根本满足不了如此大面积的混凝土浇筑的需要。同时施工现场缺乏全面的安全防范措施，隐患整改不及时，对现场违章行为无人制止。施工单位应落实各级安全生产责任制，严格执行安全生产各项管理制度；切实加强对施工现场和危险性较大的分项工程的动态管理，把现场组织指挥、质量安全管理和工段长、班组长的安全岗位责任落到实处。还要加强安全生产培训教育，提高他们对安全生产的认识和自我保护能力。严格执行持证上岗制度，特种作业人员必须持证上岗，严禁不具备相应资格的人员上岗作业。

（3）落实责任强化检查。项目部虽然制定了安全生产责任制和安全生产管理制度，但未落实到班组和作业层，形同虚设。施工人员进场没有进行安全教育，材料进场把关不严。建设工程施工现场应加强隐患排查和治理，举一反三，特别要对尚未进行混凝土浇筑施工的高大模板支撑系统、起重机械设备、高处作业和交叉作业等隐患排查和治理，及时消除事故隐患。加强对进场租赁材料的检查和验收，杜绝不合格的钢管、扣件等材料进入现场。

（4）旁站监理消除隐患。监理单位在高大模板支撑系统的方案审批和验收方面监管不到位。特别是对支撑系统搭设存在的严重隐患未能及时发现。未对模板支撑系统进行验收就下达梁板混凝土浇筑令，在浇筑过程中又没有认真履行"旁站"职责，未能及时发现隐患并予以消除，导致事故发生。因此监理单位应该认真履行职责，加强现场监理工作，对发现的问题和隐患要督促施工单位及时予以解决。

3.7 湖北省荆州市"12·21"模板坍塌事故

一、事故简介

2007年12月21日，湖北省荆州市某综合楼工程施工现场，发生一起阳台预制板断裂导致支撑坍塌的事故，造成3人死亡、1人重伤，直接经济损失约80万元。

2007年12月19日下午，施工单位木工班长安排2名施工人员进行8楼阳台雨棚模板的制作，2人按施工方案制作现浇模板，模板下面的支撑立柱共有6根，分两排，每排3根支撑于8楼阳台的预制板上，制作模板时未在预制板上采取任何分散载荷的保护措施，支撑立柱杆直接落在预制板上。20日上午制作安装完毕，由木工班长负责检查认可。

2007年12月21日13时左右，6名混凝土工进行8楼阳台雨

棚混凝土浇筑作业，现浇作业面积为 3.6m×1.8m。14 时左右，当第 8 车混凝土料倒入现浇板中间时，8 楼阳台的预制板忽然断裂，现浇板支撑垮塌，作业面上的 4 人来不及撤离与斗车、现浇板、8 楼阳台预制板一同坠落，并击断 7 楼至 2 楼的所有阳台预制板，被压在落下的预制板废墟下。

根据事故调查和责任认定，对有关责任方作出以下处理：木工班长移交司法机关依法追究刑事责任；施工单位主要负责人、现场监理工程师、预制板制造单位法人等 9 名责任人分别受到罚款、吊销执业资格等行政处罚；施工、监理等单位分别受到相应经济处罚；责成有关责任部门向当地政府作出书面检查。

二、原因分析

1. 直接原因

由木工班长制定的 8 楼阳台雨棚模板施工方案为：模板由 6 根立柱支撑，立柱底部未设置木垫板，直接作用在 8 楼阳台预制板上。该方案不是由专业技术人员编制的施工方案，没有经过设计计算，也没有经过审批。经专家验算，施工时立柱作用到预制板上产生的弯矩值达到了 $12.93kN·m$，而省标预制板允许的弯矩值为 $3.99kN·m$，超载 3.3 倍，致使预制板发生断裂，引起作业面垮塌。

2. 间接原因

（1）建设单位在项目建设中擅自加层，埋下安全隐患。

（2）施工单位安全生产管理制度不落实；工程项目经理人与证不符；施工管理混乱，对现场安全监管缺失，未对施工人员进行有效的三级安全教育培训，未能及时消除安全生产隐患，理应负有相应的责任。

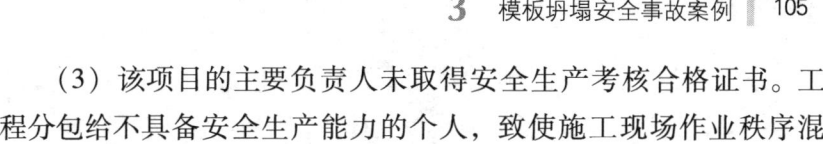

(3) 该项目的主要负责人未取得安全生产考核合格证书。工程分包给不具备安全生产能力的个人，致使施工现场作业秩序混乱，施工人员违章作业、冒险施工，最终导致了事故的发生。

(4) 事发8楼阳台预制板系某预制板厂提供的产品，事故发生后，对预制板进行了检测，实测钢筋直径4.5mm，钢筋抗拉强度平均为520MPa，而省标构件的钢筋直径应为5mm，钢筋抗拉强度应为650MPa，配筋总面积只达到标准要求的79%，抗拉强度只达到标准的82%，均不符合标准要求。

(5) 监理单位没有履行监理职责。工程监理人员在实施监理过程中，未履行监理职责，没有对模板的施工方案进行审核，没有对工地8楼阳台雨棚浇筑混凝土实行旁站监理，未发现、消除施工现场存在的安全隐患。

(6) 该县城市规划局有关责任人对建设项目违规加层没有及时制止，致使建设单位将原规划7层楼房建成8层。

三、事故教训

(1) 安全监管不到位，建设、施工、监理单位等各方责任主体没有认真按照《建设工程安全生产管理条例》履行其安全责任。

(2) 技术管理方面存在明显漏洞。模板施工方案没有经过计算，没有经过审批，没有采取任何分散载荷的措施，没有对模板工程进行验收和混凝土浇筑过程的监理。没有对预制板等材料进行进场验收检查。

这是一起由于违反技术管理规范、施工人员擅自制定施工方案而引发的生产安全责任事故。事故的发生暴露出施工单位技术管理存在严重漏洞、安全管理不到位等问题。我们应认真吸取教训，做好以下几方面工作：

(1) 加强过程管理。该工程雨棚在8楼顶层阳台处，雨棚面积近$7m^2$，自重达2t以上，所以必须对阳台板承载力进行核算，可

采用自首层至 8 层对阳台板进行连续支顶的方法进行加固或搭设悬挑架进行卸荷,才能保证模板支撑系统的牢固稳定。而该工程施工单位现场施工管理混乱,对模板工程的危险性重视不够,安全意识、风险防范意识不强,任由施工人员凭经验制订施工方案,无设计计算、无审批手续,现场无专职人员进行检查和监督。

(2) 严格执行规范。模板工程应严格按《建筑施工模板安全技术规范》等标准规范实施,同时加强模板工程的技术管理。模板工程施工方案应由施工单位工程技术人员编制。内容要有施工设计(包括设计计算)和安全技术措施。加强对方案的审核和批准环节的管理,认真审查模板支撑系统结构设计的计算方法、荷载取值、节点构造和安全措施。这起事故反映出施工单位要切实落实各项安全生产责任制,规范建设工程施工中的各项安全技术措施,加强安全生产法律法规学习和培训教育,加强对在建工程的安全监管,严格按照安全操作规程组织施工生产。尤其要加强对分包施工队伍的管理和控制。

(3) 落实监督职责。监理单位要按照《建设工程安全生产管理条例》、《建设工程监理规范》实施监理,承担起相应职责。要对施工方案进行审查并实行旁站监理。建设工程各方责任主体要深刻吸取教训,认真履行自己的安全生产职责,自觉遵守有关安全生产的法律法规,规范行为准则,严格按照安全生产要求组织施工并进行管理,把隐患消灭在萌芽状态。

(4) 强化政府监管。政府相关主管部门要认真加强现场监管,发现事故隐患及时制止,对监管过程中的违规行为必须予以严肃处理。同时要认真履行安全职责,对建设项目要严格实行跟踪管理,切实加强检查督促,对违规建设项目坚决依法查处。

3.8 河南省光山县"12·19"模板支架坍塌事故

一、事故简介

2014年11月初,幸福家园小区2号楼1号商铺楼开工,12月8日开始搭设一层梁柱模板支架。12月19日下午,施工人员在一层梁板、柱混凝土浇筑基本完成时,发现模架部分柱子发生倾斜。项目负责人吕某、木工负责人李某立即组织人员对模架加固,增设剪刀撑。16时30分左右,模板支架突然整体坍塌,造成现场正在加固的施工人员被埋。最终确认死亡5人、受伤9人。

"12·19"模板坍塌事故现场(一)

"12·19"模板坍塌事故现场（二）

二、原因分析

1. 直接原因

施工方未编制模板支架专项施工方案、也未按相关安全技术规程进行搭设、混凝土浇筑顺序错误、隐患出现时补救方法不当、主要材料材质严重不合格是事故发生的主要原因。

2. 间接原因

（1）建设单位存在违法发包的行为。建设单位虽然按相关规定将工程分为4个标段进行了发包，但是建设单位与施工单位签订了"阴阳合同"，将该工程分成7个标段，分别发包给不具有相应资质的自然人，其中发生垮塌事故的2号楼配楼工程由自然人朱某承揽。

（2）施工单位存在出借、出租资质证书的行为。建设单位与施工单位双方私下签订了"合作管理协议"，明确约定建设单位利用施工单位资质，并向施工单位缴纳管理费50万元，施工单位仅向该工程派驻2名质量安全人员。同时，工程款直接由建设单位支付给实际承包工程的自然人。

(3) 劳务分包及劳务用工不规范。由于实际施工均为自然人，因此，施工现场的作业人员均是由自然人临时雇佣的社会零散用工。

(4) 建设单位涉嫌存在挂靠行为。经查，自然人廖某、胡某、张某、简某等人合伙出资，与城镇建设某公司签订了工程项目承包协议书，约定廖某、胡某向该公司支付管理费，以幸福花园项目部的名义开展有关活动，并承担建设过程中一切法律责任，由该公司协助办理有关手续。

三、事故教训

(1) 从近几年来发生的高大模板支撑系统坍塌事故案例中可以看出，施工人员不按施工方案执行，或者没有方案就组织施工是造成事故的一个重要原因。从这起事故看，如果严格按照方案施工，可能就能保证安全，但劳务单位现场负责人在没有见到施工方案的情况下，就违章地指挥架子班按脚手架的常规做法施工，从而导致事故发生。

(2) 从事故经过看，这起事故并不是突然发生的。从发现支撑体系变形到倒塌有30多分钟的时间，但施工人员安全意识差，没有自我保护意识，不听从指挥，如果从发现支撑系统变形后，人员立即撤离现场，就不会造成严重的伤亡事故。

(3) 在施工程序上安排不合理，没有严格地按照施工方案执行，而是由工长口头交代，采取先浇筑中间板、后浇筑梁的方法。造成局部荷载加大，导致本已无法承受压力的支撑体系加快变形，最终整体坍塌。

这是一起违反施工方案擅自组织施工而引发的生产安全责任事故。事故的发生暴露出施工单位在施工组织上管理不严，施工技术管理松懈、监督检查不到位等问题。我们应认真吸取事故教训，做好以下几方面工作：

(1) 加强技术管理。施工组织设计和专项施工方案是指导施

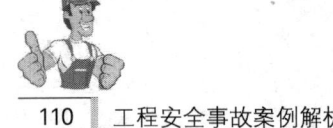

工的纲领性文件。这起事故中的施工人员在未见施工方案也没有安全技术交底的情况下，随意组织搭设模板支撑系统，反映出施工单位技术管理存在严重缺陷，施工方案形同虚设。为赶工期，现场负责人心存侥幸，未按要求对模板支撑系统进行验收，在消除隐患之前进行混凝土浇筑。这起事故提醒施工单位要严格执行技术规范和标准，编制施工方案，并履行编制、审核、审批制度，同时严格执行施工方案的操作程序，对主要部分用书面形式进行传达，对施工人员就新的施工方案内容进行培训。

（2）加强监督检查。这起事故集中反映出施工管理人员对工艺不了解，盲目地安排施工造成工序不合理，施工过程没有管理人员指挥。施工单位应加强施工现场管理，按要求配备安全管理人员，把好现场安全监督关。

（3）提高自我保护意识。当发现模板支撑系统变形后，施工人员不听指挥，未及时撤离现场，表现出施工人员安全意识差，缺乏自我保护能力。从发现模板支撑系统架体变形到整体坍塌有30分钟时间，若施工人员能够听从指挥及时撤离现场，完全可以避免出现如此惨痛的人员伤亡。这起事故警示我们要加强对施工人员的安全教育，提高其安全意识和自我保护能力，正确处置不安全因素。

3.9 广西壮族自治区南宁市"2·12"模板坍塌事故

一、事故简介

2007年2月12日，广西医科大学图书馆二期工程在施工过程中，发生一起模板支撑系统坍塌事故，造成7人死亡、7人重伤，直接经济损失32万余元。该工程位于南宁市双拥路22号，该图书馆为多边形、桩基础、钢筋混凝土框架结构，地下1层，地上11层，建筑总高度49.9m，建筑面积38578m²，工程造价6439万元。

2007年2月12日9时左右，项目部在没有取得监理单位同意的情况下，施工员开始安排混凝土班进行演讲厅舞台屋盖浇筑准备工作，10时许，混凝土班开始舞台屋盖混凝土的浇筑。15时左右，在混凝土浇筑过程中，模板支撑系统突然坍塌，11名混凝土工和混凝土公司的3名泵管操作工随坍塌的屋面跌至二层楼面。

根据事故调查和责任认定，对有关责任方作出以下处理：施工单位项目技术负责人、施工员和项目总监理工程师3人移交司法机关依法追究刑事责任；施工单位经理、项目经理、监理单位经理等6名责任人分别受到罚款、撤职、吊销执业资格等行政处罚；施工单位受到暂扣安全生产许可证90天并罚款的行政处罚；监理单位受到罚款的行政处罚；责成有关责任部门向市建委作出深刻检查并给予系统内通报批评。

二、原因分析

1. 直接原因

根据《建筑施工扣件式钢管脚手架安全技术规范》JGJ30—2001的规定，搭设模板支撑系统时，必须设置3个相互正交的剪刀撑体系，这是确保模板支撑系统安全和稳定的基本要求。该工程演讲厅舞台屋盖高大模板支撑系统在搭设时，未设水平和横向剪刀撑，纵向剪刀撑的数量也严重不足，加上连墙件的数量及设置方式都未达到规范规定的要求，致使模板支撑系统整体不稳定。

2. 间接原因

（1）总包单位领导安全生产意识淡薄，对各项规章制度执行

情况监督管理不力，对重点部位的施工技术管理不严，有法有规不依。

（2）施工单位在该工程演讲厅舞台屋盖高大模板支撑系统搭设前没有召开技术交底会对施工人员进行专项施工技术交底；搭设完成后没有组织验收；没有取得项目监理单位同意就进行混凝土浇筑，编制的《演讲厅高支模专项施工方案》存在许多重大原则性错误，且未按规定要求进行复核、审查并组织专家论证。

（3）监理单位在对《演讲厅高支模专项施工方案》审查以及对演讲厅舞台屋盖高大模板支撑系统搭设和舞台屋盖混凝土浇筑施工的监理过程中严重失职，对于施工单位在高大模板支撑系统在搭设前没有组织专家论证、没有召开技术交底会、没有经过验收以及没有取得监理方同意就擅自进行混凝土浇筑施工等问题失察。在每个施工工序完成后，监理方对施工方违规进行下一道工序的施工均没有予以制止，是造成这起事故的重要原因。

（4）政府有关监管部门对该工程建设的监督管理不到位，特别是对施工单位施工组织设计和专项施工方案编制、审批及实施情况以及对监理单位审查施工组织设计中的安全技术措施或专项施工方案是否符合工程建设强制性标准情况的监督管理不到位。

三、事故教训

（1）这起事故中高大模板支撑系统不设剪刀撑，设连墙件设置方式和数量未达规范要求的做法均严重违规，不管是从任何角度上看，都埋下了严重的事故隐患。

（2）施工过程中，一些必要的程序不可或缺，如果这起事故中；方案编制完成后进行了专家论证，搭设前进行了安全技术交底，搭设结束后组织了验收，上述工作若做到任何一点，就有可能避免事故的发生。

（3）对于施工现场一些错误的习惯性做法，必须要严格制止，

对于这起事故中的高大模板支撑系统搭设人员来说,也许采用同样的方式在其他项目有过类似的施工经验,所以产生了麻痹大意的思想,造成惨痛事故。所以对于危险性较大的分部分项工程施工一定要严格按照相关规范、标准,一丝不苟地履行相关程序。

这是一起由于违反脚手架安全技术规范、模板支撑体系存在重大隐患而引发的生产安全责任事故。事故的发生暴露出施工单位安全管理和技术管理存在重大漏洞、施工现场管理缺失等问题。我们应认真吸取事故教训。做好以下几方面工作:

(1) 有效提高建设单位安全监管能力。建设单位要督促监理单位切实加强对施工现场的安全监理工作,及时了解建设项目的进度情况,掌握所存在的各种问题,特别要对监理人员资质及变更情况予以检查,避免出现不具备执业资格的人员上岗或监理不到位的情况。

(2) 重点加强施工单位安全责任意识。这起事故中的屋盖混凝土浇筑工程距地面较高,模板支撑系统所受承载力大,易产生变形,施工单位除编制安全专项施工方案外,还应组织专家论证。而施工单位既未编制方案,更没组织专家论证,支撑系统搭设后未进行验收,作业前未做交底,又没有按照标准程序进行,没有采取必要的安全技术措施,未设置安全巡视人员,终酿惨痛后果。事故警示广大施工单位要严格按照住房和城乡建设部颁布的《危险性较大的分部分项工程安全管理办法》中的有关要求,编制专项施工方案,达到一定规模的危险性较大的分部分项工程要组织专家进行论证。搭设完成后组织相关单位和专业人员进行验收。

(3) 切实强化监理单位安全监督责任。这起事故的处理结果应当引起广大监理从业人员的高度关注。《建设工程安全生产管理条例》明确了工程监理单位及人员对建设工程安全生产所应承担的监理责任,对工程监理单位及人员的法律责任作出了明确规定。监理单位应该走出安全生产不在监理职责范围之内的误区,认真履行对施工现场的安全监理职责。督促施工单位落实各项安全生产措

施。在监理过程中，发现事故隐患、违章作业，应要求施工单位立即整改并及时、如实向业主和有关部门反映施工过程中发现的重大问题。

3.10 山东省聊城市"10·2"模板坍塌事故

一、事故简介

2006年10月2日，山东省聊城市某循环机厂房工程施工现场在浇筑顶部混凝土过程中，发生一起模板支撑系统坍塌事故，造成3人死亡、2人重伤、3人轻伤，直接经济损失约102万元。

该工程为一层框架结构，设计建筑面积1584m^2，东西长132.2m，南北宽12m，高度为11.85m。施工采用满堂红钢管脚手架模板支撑系统。

2006年9月底，该工程模板支撑系统搭设基本完成。10月2日上午8时左右，自西向东正式开始屋顶浇筑施工，框架柱、梁、板同时浇筑。18时左右，当混凝土施工人员在第6~7轴位置进行振捣作业时，浇筑面下沉，施工人员立即向周围疏散，在短时间内已经浇筑的屋面及框架柱连同支撑系统向第7~8轴中心处坍塌，4~11轴已浇筑部分完全塌落，部分混凝土施工人员随之下落。

根据事故调查和责任认定，对有关责任方作出以下处理：项目经理、木工组长2名责任人移交司法机关依法追究刑事责任；施工单位主要负责人、部门负责人、建设单位土建处处长等8名责任人受到撤职、党内警告等处分和相应经济处罚；施工、建设单位分别受到通报批评和相应经济处罚。

二、原因分析

1. 直接原因

该工程现浇框架柱及屋面梁板的模板支撑系统构造不合理，立杆密度达不到要求，没有设置剪刀撑，斜拉杆偏少。立柱和屋面梁板同时浇筑，造成轴梁荷载过大，架体局部失稳，导致支撑系统整体坍塌。

2. 间接原因

（1）建设单位：

①建设单位未严格执行有关建设工程实施委托监理的规定，没有委托具有相应资质的监理单位进行工程监理。导致在该工程模板支撑系统搭设的施工和竣工验收过程中，缺少工程监理，搭设和浇筑过程中没有派人采取旁站、巡视和平行检验等形式进行监理。

②建设单位在签定的施工合同中，约定达到提供设备安装条件的工期不符合建设工程的要求，存在压缩合理工期的问题。

③建设单位没有按《中华人民共和国建筑法》、《建设工程安全生产管理条例》等有关法律法规规定执行工程建设程序，未对工程的施工及监理进行招标，未到项目所在地建设主管部门办理图纸审查、质量监督、安全备案、劳保基金和工资保证金的交纳等相关建设手续，没有办理建设工程施工许可证，使整个工程的监管处于失控状态。

（2）施工单位：

①项目部未按《危险性较大的分部分项工程安全管理办法》编制模板工程专项施工方案，未组织专家论证，未经任何负责人和管理人员进行审批。

②模板支撑系统搭设施工时，项目部技术负责人未按规定向施

工负责人进行安全技术交底，而由施工队长自行组织人员搭设，且无专职安全管理人员现场监督。搭设人员不具备脚手架作业资格，架体构造不符合技术规范要求。在搭设过程中以及完成后，施工负责人对所使用的钢管及扣件未抽样检查，没有组织架体验收即盲目进行混凝土浇筑施工。

③施工单位内部管理不到位，对模板支撑系统的技术要求把关不严，监督检查存在漏洞。

（3）监管部门。当地有关主管部门对该工程的监督管理不到位，特别是在发现施工现场管理混乱等问题后，没有采取切实有效的措施加以督促整改，使工程施工过程中存在的安全隐患没有得到及时查处。

三、事故教训

（1）严重违法违规必然导致事故的发生。这起事故中，建设单位在工程招标、施工许可、质量监督手续、安全备案等涉及工程建设各个环节的问题上，都存在严重违法违规行为，也导致工程建设处于整体失控状态。这起事故再次警告我们，违法违规的成本是巨大的，当多个环节共同存在违法违规的时候，事故的发生就不再是一个偶然事件了。

（2）安全管理水平决定了安全生产的受控状态。这起事故中，施工单位没有按《危险性较大的分部分项工程安全管理办法》等有关法律法规规定编制模板工程专项方案、未组织专家论证、无审批手续，没有进行安全技术交底，使用无脚手架作业资格的人员，无专职安全员现场监督。整个环节均出现安全管理的缺失，安全管理水平极其低下，施工生产安全处于失控状态，为事故的发生埋下了祸根。

这是一起由于模板支撑系统搭设过程中违反安全技术规范导致承载力和稳定性严重不足而引发的生产安全责任事故。事故的发生暴露出该工程施工单位违反技术管理规范等问题。我们应认真吸取教训，做好以下几方面工作：

（1）完善技术保证措施。模板支撑系统坍塌事故是建筑行业发生频率较高的一类事故，往往导致施工人员群死群伤或造成重大不良社会影响。早在2004年，建设部就出台了《危险性较大工程安全专项施工方案编制及专家论证审查办法》，2008年，又修订印发了《危险性较大的分部分项工程安全管理办法》，目的就是为了加强对危险性较大工程的安全管理，积极防范和遏制建筑安全生产事故的发生，相关单位要认真贯彻执行。从安全技术的角度看，保证现浇结构高大模板支撑系统的稳定性主要应从以下两个方面考虑：一是框架柱模板的刚度和稳定性，除了柱箍的保证外，主要通过设置足够的水平及斜支撑，确保在浇筑过程中，不发生侧弯和倾覆；二是屋面梁、板的模板，主要靠立杆的稳定性，除了按荷载验算立杆的间距外，还必须设置足够的垂直及水平剪刀撑，以保障其整体稳定性。

（2）加强安全技术管理。施工单位一是要严格按照《建设工程安全生产管理条例》等国家有关法律、法规的要求，切实加强安全生产管理，认真落实安全生产责任制，进一步明确职能部门和项目部的安全管理职责，完善各项规章制度，堵塞管理漏洞，努力建立完善的安全生产长效机制。二是要切实加强安全技术管理工作，对施工过程中技术含量相对较高、达到一定规模的危险性较大工程，企业安全管理部门要提前介入，严格审查、把关，并在施工过程中给予监督和指导。三是要切实加强用工管理，新工人上岗前，必须进行严格的三级安全教育，特别是要加强特种作业人员的管理，对其持证上岗和安全操作等情况，必须严格督促检查。

（3）认真履行安全职责。建设工程各方均应认真履行主体责任，高度重视安全生产工作，切实加强工程项目的安全监督管理，采取有力措施，消除事故隐患和管理漏洞，防范各类事故的发生。

3.11 山东省淄博市"9·30"模板坍塌事故

一、事故简介

2006年9月30日,淄博市某碳酸钙厂二次混料室工程在施工过程中,发生模板支撑系统坍塌事故,造成3人死亡、1人重伤,直接经济损失71万元。

该工程主体是单层混凝土框架结构,长22m,宽12m,高13m,屋面设计标高13.1m。屋面是现浇钢筋混凝土肋梁楼盖,由主梁(400mm×1400mm)、次梁(250mm×500mm)和板(100mm)组成。标高7.6m以下部分的立柱、梁,已于9月5日浇筑完成。二次混料室满堂架体的模板支撑系统,由施工员组织人员搭设。2006年9月29日晚开始浇筑二次混料室标高7.6m以上部分。浇筑完柱和梁后,又由北向南浇筑板。9月30日凌晨,当板浇筑到一半的时候,施工面突然出现塌陷,浇筑完的柱、梁和板由北向南全部坍塌,工作面上的施工人员坠落到地面,被混凝土、脚手架等埋压。

根据事故调查和责任认定,对有关责任方作出以下处理:项目经理、施工员2名责任人移交司法机关依法追究刑事责任;施工单位法定代表人、木工班长、建设单位副厂长等6名责任人分别受到罚款、记过、警告等行政处分;施工、监理等单位受到罚款、降低资质等级的行政处罚。

二、原因分析

1. 直接原因

二次混料室模板支撑系统的刚度和稳定性不合格，是造成这一事故的直接原因。

（1）搭设存在以下主要问题：一是部分立杆间距过大，超过《混凝土结构工程施工质量验收规范》中模板体系设计的有关要求；二是同一高度立杆接头过于集中；三是立杆底部底座或垫板不符合规范要求；四是立杆纵横向拉接不符合规范要求；五是没有按规范要求设置纵向和水平剪刀撑；六是整个支撑体系与7.6m以下部分的立柱、梁没有连接。

（2）模板支撑系统使用的管材、扣件存在质量缺陷，外观尺寸和强度要求不符合《建筑施工扣件式钢管脚手架安全技术规范》JGJ130—2001和《钢管脚手架扣件》GB15831—1995要求。

（3）顶层的混凝土柱与屋面的梁、板同时进行浇筑，水平约束差。

2. 间接原因

（1）该项目建设中，法定建设手续不全，未按规定进行招投标。

（2）施工单位安全管理存在严重缺失。一是未按《危险性较大的分部分项工程安全管理办法》的规定，对超大模板工程施工编制专项施工方案并组织专家论证；二是未对检查出的事故隐患及时整改；三是有关人员未经安全生产教育培训就安排上岗，安全素质和自我保护能力欠缺。

（3）监理单位对二次混料室工程二层模板进行现场验收时，不符合规范对模板支撑系统进行验收，且验收结论为合格，与现场参数不符。

三、事故教训

（1）这起事故是因为模板支撑系统刚度、强度和稳定性都不足而造成的。在脚手架进行搭设的过程中，施工方明显没有按相关的设计标准进行，搭设完成的脚手架不满足相应的要求，且采用了质量不合格的产品，在这种情况下进行混凝土浇筑，这必然导致事故的发生。

（2）模板支撑系统的坍塌，除了施工和构件的质量不满足要求外，更要引起注意的是在整个施工的过程中，尽管出现了明显问题和安全隐患，却没有得到及时有效的控制和解决。对于建筑工程市场而言，由于其本身所涉及的活动极其复杂，参与的主体多有不同，要想真正实现安全的预防和控制，相关主体对于安全管理的分工和合作必须要做到公平、合理，并且要切实履行其相关安全责任。

这是一起由于模板支撑架体承载力不足和稳定性不符合规范标准而引发的生产安全责任事故。事故的发生暴露出该工程在施工生产过程中技术管理和安全管理等多层面、多方位存在致命的问题。我们应认真吸取事故教训，做好以下几方面工作：

（1）依法履行安全职责。建设单位要对所有建设项目进行全面审查，办理并完善有关手续，按照招投标规定，使用资质、手续完备及具备施工技术力量的单位。

（2）逐步健全施工工艺和规范。这起事故同近年来国内发生的模板支撑系统坍塌事故直接原因基本相同，即：搭设架体所选用的材料质量不合格，如钢管壁薄、构造铸造缺陷；架体构造上违背规范或方案要求，主要是间距过大；架体自身缺少剪刀撑无法形成自身的空间稳定体系且未与已完成的竖向结构（墙、柱等）做可靠的构造连接。今后凡是遇到类似现浇框架结构应注意，只要设计没有特殊要求的应一律先行浇筑竖向的柱墙部分，以便为梁板支架提供稳定措施。

（3）切实完善安全生产条件。施工单位要认真履行安全生产主体责任，吸取事故教训，加强安全管理，完善施工技术措施，严格落实操作规程。特别是要加强施工现场的安全管理和检查，及时查找支护等方面的事故隐患。要加强安全生产培训教育，做到持证上岗。要严格按照有关规定办理有关备案、施工等手续。

（4）加强工程监督效能。监理单位要认真履行监理职责，发现存在安全隐患的，应当要求施工单位及时整改，拒不整改的要及时向有关部门报告。

（5）提升安全监管能力。负有安全生产监管职责的政府有关部门要认真履行职责。定期或不定期组织对施工现场进行动态检查，凡是没有注册、未办理施工许可证、手续不全或现场存在重大事故隐患的施工单位和施工项目，要严肃查处并责令立即整改。

3.12 广东省佛山市"9·1"模板坍塌事故

一、事故简介

2006年9月1日，广东省佛山市某在建小区售楼部施工现场，发生一起模板坍塌事故，造成3人死亡、3人重伤。

该工程为框架结构，共3层，建筑面积3000m^2。建设单位在没有办理规划许可证、建筑工程施工许可证及工程质量和施工安全监督等手续的情况下擅自组织施工。当日23时左右，施工人员在浇筑该小区会所（售楼部）顶层屋面混凝土时模板支撑系统坍塌。

根据事故调查和责任认定，对有关责任方作出以下处理：分包单位项目负责人、包工头和负责现场管理的一名人员共3名责任人移交司法机关依法追究刑事责任；总、分包单位法人、项目经理、监理单位项目总监等8名责任人分别受到吊销执业资格、罚款等行政处罚；建设、总分包、监理等有关责任单位分别受到责令停工、罚款等行政处罚。

"9·1"模板坍塌事故现场

二、原因分析

1. 直接原因

该工程若按照9~10轴标高20.5m混凝土楼盖高大模板工程施工方案搭设支架，其承载力和整体稳定性有保证，不应该发生坍塌。事故发生时，混凝土已经基本浇筑完成，这时楼板一般不会出现超载的情况，坍塌前没有一点预兆正是模板支撑系统立杆失稳破坏的特征。因此，这起事故发生的直接原因是模板支撑系统立杆承载力严重不足导致失稳破坏。

2. 间接原因

（1）建设单位在未取得规划部门核发的《建设工程规划许可

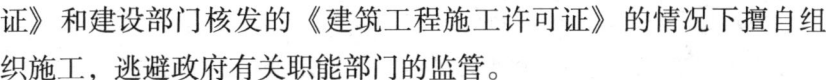

证》和建设部门核发的《建筑工程施工许可证》的情况下擅自组织施工,逃避政府有关职能部门的监管。

(2) 施工单位没有认真落实安全生产管理责任,把工程违法分包给不具备建筑资质的私人施工队;该项目部没有履行好监管职责和工程验收等有关程序;项目负责人和现场管理人员及施工队长均疏于工程的管理。

(3) 监理单位没有认真履行建设工程安全生产监督职责,未依法律法规实施工程监理,对无证施工行为未能采取有效措施加以制止;对现场周围工作环境存在的重大安全隐患未能采取果断的措施要求施工单位予以消除。

三、事故教训

(1) 建设工程施工期间,建设单位对于安全生产的态度至关重要,往往会在很大程度上影响施工单位和监理单位,从而影响整个工程建设项目的安全生产工作。而这起事故中的建设单位带头违法,对其在建小区会所售楼部工程没有依法进行规划报建和建筑施工报建,规避政府监管。

(2) 施工单位搭建的模板支撑系统立杆的承载力严重不足,致使高大模板失稳,导致正在浇筑的 $30m^2$ 混凝土楼板坍塌。承载力不足,一是要考虑支撑系统是否严格按照标准、规范及施工方案搭设;二是要看搭设材料是否合格,搭设杆件壁厚不合格,扣件紧固力不足等都可能导致承载力不足。

这是一起由于模板支撑架体承载力严重不足而引发的生产安全责任事故。事故的发生暴露出该工程违法开工建设、逃避政策监督,同时施工单位存在管理松散、监理单位未严格执行监理规范等问题,我们应认真吸取事故教训,做好以下几方面工作:

(1) 建设工程应牢牢抓住技术管理。高大模板支撑系统是危险性较大的分部分项工程,易导致群死群伤事故,施工单位要加强

对危险性较大的分部分项工程的管理和控制,单独编制安全专项施工方案,其内容包括组织保障、技术措施、应急预案、监测监控等施工安全保证措施。安全专项方案应当由施工单位技术部门组织本单位技术、安全、质量等部门进行审核,施工单位技术负责人批准并报监理单位总监审核。达到一定规模的要组织召开专家论证会,经专项验收合格后方能投入使用。

(2)建设、施工、监理等单位应按照《建设工程安全生产管理条例》中的规定要求,认真履行各自的安全生产职责。这起事故中,建设单位在未取得《建设工程规划许可证》和《建筑工程施工许可证》的情况下擅自施工,躲避了政府职能部门的监管环节。建设、施工、监理单位要严格履行各自管理责任,做好重大危险源的辨识、评价和控制工作。坚决遏制群死群伤事故发生。

(3)加强对一线施工人员的安全生产知识和安全技能培训教育。这起事故,除了管理上的问题,一线施工人员素质低也是一个原因。当时的施工现场,一线作业绝大部分是农民工,基本素质普遍偏低,很多事故与他们不具备基本操作技能和自我保护意识差有关。因此,要不断加强安全生产知识和安全技能培训,提高一线施工人员的自身素质和自我保护能力,从根本上减少事故发生。

3.13
甘肃省兰州市"8·31"模板坍塌事故

一、事故简介

2006年8月31日,甘肃省兰州市某科技园区会所建筑工程中厅屋面板在混凝土浇筑施工过程中,发生模板支撑系统坍塌事故,造成 3 人死亡、4 人重伤、4 人轻伤，直接经济损失 44.5 万元。

该工程系园区会所，为地下 1 层，地上 3 层的框架结构，建筑面积 2900m²。事故发生的部位是会所中厅，中厅顶板距底部高度为 12m，顶板总浇筑面积为 282m²。8 月 31 日 21 时左右，施工单位在浇筑会所中厅上方顶板混凝土过程中，屋面梁板、模板和架体等突然坍塌，使现场作业的 11 名施工人员随其坠落。

根据事故调查和责任认定，对有关责任方作出以下处理：劳务分包队副队长移交司法机关依法追究刑事责任；施工单位副经理兼项目经理、总工程师、监理单位项目总监等 9 名责任人分别受到吊销执业资格、罚款等行政处罚和撤职、记过等处分；施工、建设、监理等有关责任单位分别受到相应行政和经济处罚。

二、原因分析

1. 直接原因

（1）该工程施工前未按规定组织专家对模板工程安全专项施工方案进行审查论证，实际作业中也未按已有的设计方案进行施工，对搭设的模板支撑系统未认真组织验收，致使搭设不合格，支架步距和立柱间距不符合标准要求，导致正在浇筑的模板受力不均而坍塌。

（2）模板支撑系统缺乏剪刀撑和其他的拉结系统。剪刀撑是限制其发生水平位移变形的必要措施。如此高度的架体，按要求应同时设置竖向和水平剪刀撑，以保证模板支撑系统整体稳定性。现场实际模板支撑架体竖向和水平剪刀撑设置不足，与结构柱体之间的拉结数量也不足。

（3）立杆的搭接和固定方式错误，顶部立杆按标准要求应采取对接方式，而实际部分立杆采用了搭接的方法，使立杆不能很好地传力，并产生较大的附加弯矩。此外，模板支撑架体缺少扫

地杆。

2. 间接原因

（1）建设单位违规组织工程建设。建设单位违反《建筑法》的有关规定，在未办理规划许可证、施工许可证、未进行开工前安全条件备案的情况下，强令施工单位开工；未按规定支付施工单位安全防护措施费用，致使施工单位难以具备安全施工条件。

（2）违章指挥、冒险作业。现场浇筑混凝土作业中，发现模板有局部塌陷时，未采取任何应急措施，盲目派人进行加固处，导致事故严重程度上升。

（3）违规施工，冒险蛮干。施工单位施工前未按规定组织专家对模板工程安全专项施工方案进行论证；作业时也未按已有的施工方案进行施工，随意蛮干，对搭设的模板支撑系统也未认真组织验收，导致其严重违反了《建筑施工扣件式钢管脚手架安全技术规范》JGJ130—2001中的规定，不能保证施工安全的需要。

（4）施工现场安全管理混乱。施工单位未按编制的安全专项施工方案施工，随意蛮干。搭设模板支撑系统使用旧钢管时控制不严，存在壁厚减小等缺陷；在混凝土浇筑作业时由南向北进行，未按施工方案要求从中间向四周浇筑，造成模板支撑架体偏心受压，整体不稳；现场施工组织不合理，管理混乱，安全管理人员未认真履行职责。

（5）监理单位不负责任，工作严重失职。该项目监理单位未认真贯彻落实《建设工程安全生产管理条例》等法规文件，放松对施工现场的监理。在未经专家对模板工程施工方案进行审查论证的情况下签字认可；对搭设不合格的模板支撑架体现场验收签字认可，且签字人员不具备监理工程师资格。旁站监理严重不到位，事故发生时，在作业区无监理人员。

三、事故教训

这起事故发生的主要原因是由于建设、施工、监理单位违反安全生产法律法规的规定，没有认真履行职责而造成的。为吸取这次事故的沉痛教训，防止类似事故的再次发生，各有关单位主要领导和责任部门必须采取切实有效措施，认真抓好安全生产工作。

这是一起由于未执行施工方案，违反标准规范支搭脚手架而引发的生产安全责任事故。事故的发生暴露出建设单位违法开工建设、施工单位现场管理混乱、违章冒险蛮干、监理单位不认真履行职责等问题。我们应认真吸取教训，做好以下几项工作：

（1）认真落实安全生产各方主体责任。企业是安全生产的责任主体，要认真贯彻执行《中华人民共和国安全生产法》、《中华人民共和国建筑法》和《建设工程安全生产管理条例》等法律法规，依法进行工程建设，坚决杜绝有章不循、管理不严、安全意识淡薄的状况，确保生产安全。这起事故中，建设单位无视《中华人民共和国建筑法》和《建设工程安全生产管理条例》的有关规定，违规开工建设，疏于管理，项目安全生产费用投入不足；监理单位疏于管理、施工关键时刻脱岗、无证上岗。

（2）建立以项目为核心的安全生产管理体系。要切实加强施工现场的安全管理工作，健全安全生产管理机构，充实安全生产管理人员，加大安全生产投入，加强安全生产隐患排查治理行动，开展安全生产检查，严防事故发生；加强对各类人员的安全教育培训，切实提高广大从业人员的安全知识水平、自我防护能力和实际操作技能，杜绝"三违"现象。

（3）施工单位要强化对施工组织设计和专项施工方案的编审及施工作业前安全技术交底；对于危险性较大工程必须按照《危险性较大的分部分项工程安全管理办法》的规定，应当在施工前

单独编制安全专项施工方案,必要时应当组织专家组进行论证审查,施工时要严格按照方案施工;要加强施工前的安全技术交底工作,交、接底双方应签字确认;加强对施工设施、自有和租赁的施工机具、起重机械、防护用品进入现场前的检查验收和重要环节的控制。

（4）各级地方政府主管部门必须严格执法。要进一步加强建筑施工现场安全生产工作的领导和管理,要进一步落实安全生产监管的主体责任制,督促企业搞好隐患排查治理专项行动,严格执行国家相关法律法规,增强安全意识,提高从业人员遵章守纪的能力和自我保护意识。

3.14
江苏省溧阳市"8·24"模板坍塌事故

一、事故简介

2006年8月24日,江苏省溧阳市某建材项目二期扩建工程在浇筑楼板混凝土过程中,发生一起模板支撑系统坍塌事故,造成4人死亡、2人受伤,直接经济损失94.38万元。

该工程为乡镇企业自建项目,于2006年4月中旬开工建设。8月24日13时左右,施工人员在浇筑二期扩建工程二层结构楼板混凝土过程中,模板支撑系统突然失稳,发生整体倾斜、坍塌。

根据事故调查和责任认定,对有关责任方作出以下处理:工程项目负责人、施工现场负责人、建设单位项目办主任3名责任人移交司法机关依法追究刑事责任;建设、总包、劳务分包等单位主要负责人等10名责任人分别受到相应经济处罚和政纪处分;总包、

劳务分包等有关责任单位分别受到相应经济处罚;责成事故所在地镇政府向市政府作出书面检查。

二、事故原因

1. 直接原因

(1) 管理人员违章指挥、施工人员冒险蛮干。该工程未编制模板支撑系统安全专项施工方案,施工人员也未取得相应的上岗资格证书,完全凭习惯做法搭设。该项目部在搭设支撑系统脚手架时,违反《建筑施工扣件式钢管脚手架安全技术规范》JGJ130—2001的有关规定,既没有设置纵向和水平剪刀撑,也没有设置纵向和横向扫地杆,而且支撑系统相邻两根立杆都有接头且在同一水平面上的现象较普遍,造成了模板支撑系统整体的刚度和稳定性大大降低,在遇到外力或振动时极易发生坍塌。

(2) 模板支撑系统搭设用材不符合《建筑施工扣件式钢管脚手架安全技术规范》JGJ130—2001和《钢管脚手架扣件》GB15831—1995等国家和行业标准。该现场使用的钢管的壁厚、扣件的重量都明显低于国家标准的要求,造成模板支撑系统材料强度降低,在浇筑混凝土到一定量时,易造成钢管弯曲、扣件滑脱。

(3) 大、小横杆承载超负荷。该支撑系统大、小横杆所承载应力超过钢管的许用应力2倍左右,已造成大、小横杆钢管发生变形、弯曲甚至断裂。

2. 间接原因

(1) 违规擅自开工建设。该工程没有进行招投标,违规发包项目。项目进度、质量等管理工作均由建设单位自行负责,其人员又没有经过建筑施工专业知识培训,不具备建筑施工专业知识和职业资格。该项目未编制总体施工组织设计与方案，也没有按照相关要求编制模板支撑系统安全专项施工方案并进行相应的安全技术交底。

（2）无视国家法律法规，层层转包工程项目。总包单位没有进行实地考证，就随意签订了施工总承包合同，随后又将该工程全部转包给了无建筑施工资质的建筑劳务公司，并任命无执业资格的人员为项目负责人。该负责人又将工程转包给无资质的包工头组织施工。整个施工过程中，总包、分包单位未建立安全生产规章制度和施工安全保障体系，也未对施工现场进行安全管理。

（3）政府监管部门监管不力。该市有关监督管理部门虽然在事故发生前曾去工地要求企业办理建筑起重机械检验检测手续，并下发了停工通知书，但在企业没有认真对待、未停止施工的情况下，仅仅对建设单位进行了通报批评，没有严格执法并采取坚决予以停建的有效措施。

三、事故教训

（1）这起事故产生的根本原因是由于承包单位无视国家建筑法律规定，将该工程层层转包给无资质、无施工能力的包工头，造成现场管理人员不懂管理、施工人员不懂技术，随意蛮干。

（2）这起事故不是偶然的，而是由于对安全生产工作的重要性认识不够、对国家建筑法律规定的严肃性认识不够、执法不严以及缺乏经验造成的。为了防止类似事故的再次发生，政府主管部门、企业主要领导及有关部门必须采取有效措施，下大力气抓好安全生产工作。

这是一起由于在未编制施工方案的情况下违章指挥、冒险蛮干而引发的生产安全责任事故。事故的发生暴露出违法开工建设、违法转包工程、现场管理失控等问题。我们应认真吸取教训，做好以下几方面工作：

（1）施工企业要认真履行安全生产主体责任。企业是安全生产的责任主体，要认真执行《中华人民共和国安全生产法》、《中华人民共和国建筑法》的有关规定。企业在发展经济和工程项目建设中要严格按照有关法律法规规定以及法定程序办事，严禁任何新建、改建、扩建工程项目在不具备施工许可条件的情况下擅自开工建设。要加强项目施工现场安全管理，施工过程中要落实安全技术措施和安全防护措施。

（2）严格施工技术管理。必须严格按照设计要求、施工组织设计方案安排施工；对于危险性较大工程必须按照《危险性较大的分部分项工程安全管理办法》的有关规定，在施工前单独编制安全专项施工方案，达到一定规模时应当组织专家进行论证，严格落实安全技术交底制度；加强对施工人员的专业知识的培训学习，提高其专业技能。

（3）依法行政严防失职、渎职行为。各级政府有关部门要加大安全生产宣传力度，督促企业加强安全生产管理，建立健全安全生产规章制度，落实安全生产责任制，加大安全生产投入完善安全生产条件，规范安全生产监管工作，正确处理经济发展与安全生产的关系。要加强安全生产执法工作，加大安全生产监管力度。

3.15
辽宁省大连市"5·19"模板坍塌事故

一、事故简介

2006年5月19日，辽宁省大连市经济技术开发区某教学楼工程施工现场在混凝土浇筑过程中，发生模板坍塌事故，造成6人死亡、18人受伤，直接经济损失357万元。该教学楼为框架结构，建筑面积11800m^2，事故发生的部位是教学楼中部的共享大厅，该大厅是一个高度为16.5m、进深为15m、长边为32.4m、短边为18m的环形空间。建设单位委托大连某文化公司负责工程招标、发包、合同签署，并履行经济与法律责任。工程于2005年9月通过邀请招标的形式，确定杭州某建筑公司为工程总承包单位，并履行了工程招投标备案登记。由于大连某文化公司未交够土地转让金，直到"5·19"，事故发生前也没有取得施工许可证。2006年2月，文化公司又以无法按期完成建设任务为由，在未经杭州某建筑公司同意并解除工程承包合同的情况下，强行将校区工程中的教学楼等工程违法发包给大连某建设公司，且未进行招投标和备案登记。

大连某建设公司又将该工程违法转包给无项目经理执业资格的包工头。该教学楼工程于2006年3月1日开工建设，3月下旬，这名包工头雇用了1名具备执业资格的人员担任现场负责人。

5月19日晚，现场负责人组织施工人员开始进行共享大厅柱梁板混凝土浇筑，21时左右，完成了柱和部分主梁混凝土的浇筑。此时，模板及支架突然发生坍塌，在模板上进行混凝土浇筑作业的24名施工人员随之坠落，并埋入废墟中。

根据事故调查和责任认定，对有关责任方作出以下处理：项目经理、现场负责人、项目监理工程师等3名责任人移交司法机关依法追究刑事责任；施工单位董事长、副经理、部门负责人等9名责任人分别受到相应经济处罚或记过、通报批评等行政处分；建设、施工、监理等单位分别受到罚款、降低施工资质等行政处罚。

"5·19" 事故现场

二、原因分析

1. 直接原因

（1）模板支撑系统未形成整体稳定结构。由于模板支撑系统的立杆间距不等，无法设置纵、横向通长水平拉杆，使一个方向立杆全高几乎无一根拉杆约束；水平杆之间未按规定设置竖向和水平剪刀撑，使模板支撑系统不能形成整体稳定结构。当一个杆件失稳后，就会引起连锁反应，使其整体失稳，瞬间发生坍塌。

（2）立杆错误地采用搭接固定形式。顶部立杆按标准要求应采取对接方式，而实际采用了搭接的方法，使立杆不能很好地传力，并产生加大的附加弯矩。

（3）所用杆件不符合要求。标准杆件应为 $48mm \times 3.5mm$，而在本次事故现场随机抽取的 20 个样本，其平均值为 $48.15mm \times 2.85mm$，钢管的壁厚仅为规定厚度的 81%，其承载能力降低了约 17.62%。

（4）局部杆件受力过大。主梁下的双立杆间的小横杆受载后所产生的内力大于规范允许值的 5 倍多，小横杆与立杆连接处的扣件抗滑能力又小了一半。

（5）此外，扣件质量不好、地面回填土没按要求分层夯实等

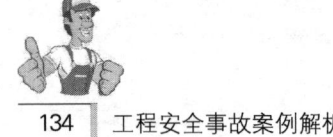

因素，也影响到模板支撑系统在施工过程中的安全。

2. 间接原因

（1）建设单位违法发包工程。建设单位在未领取施工许可证的情况下，强令施工单位开工；在未征得原总承包单位同意解除施工合同的情况下，强行将教学楼等工程重新发包给大连某建设公司，未履行法定招投标程序，并默认无项目经理资质的人员为项目经理。

（2）没有制定安全专项施工方案。施工单位违反了《建设工程安全生产管理条例》的有关规定和建设部关于《危险性较大工程安全专项施工方案编制及专家论证审查办法》的规定，对水平混凝土构件模板支撑系统高度超过 8m 的模板工程，没有编制安全专项施工方案，就擅自安排架工班盲目架设，导致模板支撑系统存在严重隐患，不能保证施工安全。

（3）施工现场安全管理混乱。施工单位将该工程违法转包给无项目经理资质的包工头。现场既不编制安全专项施工方案，技术人员、管理人员又不具备相应专业能力，而且也不开展培训、交底工作，违章指挥、随意蛮干；现场施工管理负责人擅自将工程切块分包给多个包工头，对施工现场施工安全工作从不过问，而且还为了应付上级检查弄虚作假，随意补做了 8 个无针对性的专项施工方案；对租赁的机具设备、防护用具不做安全检查。

（4）施工单位不具备安全生产条件，通过弄虚作假，编造材料、谎报执业资格人员，骗取了房屋建筑施工总承包一级资质和《安全生产许可证》。

（5）监理单位不负责任，工作严重失职。该项目监理单位未认真履行职责，放松对施工现场的监理，对施工单位的违章行为不及时纠正，明知施工方未编制施工方案组织施工，没有及时采取停工措施予以制止，工作严重失职。为应付上级检查，还与施工方共同弄虚作假编造施工组织设计和施工方案并签字。

（6）政府主管部门监管不力。政府主管部门对安全生产工作认识不够，对企业安全生产监督不力，对安全生产违法行为查处力度不够。

三、事故教训

这次事故是由于建设、施工、监理单位对安全生产工作的重要性认识不足，严重违反安全生产法律法规的规定，没有认真履行职责等原因造成的。为防止类似事故的再次发生，相关企业主要领导必须采取有效措施，下大力气抓好安全生产工作。

这是一起由于模板支撑系统搭设过程中，严重违反相关规范而引发的生产安全责任事故。事故的发生暴露出建设单位违法开工建设、施工单位管理混乱、安全工作不到位、监理单位不负责任等一系列问题。我们应吸取教训，做好以下几方面的工作：

（1）强化企业安全生产的主体责任。要认真贯彻执行《中华人民共和国安全生产法》、《中华人民共和国建筑法》和《建设工程安全生产管理条例》等法律法规，建立健全本单位的安全生产责任制和各项规章制度，依法进行工程建设，保证施工现场安全生产责任制、规章制度和安全措施的有效落实。建设单位要履行法定招标程序、依法组织工程建设；施工单位应委派具备执业资格的人员担任项目经理，并根据有关法律、法规、工程建设相关标准规范及施工组织设计的要求合理安排施工。

（2）建立以项目为核心的安全生产管理体系。施工单位要加强施工现场安全管理，切实搞好项目部组织机构建设，配备责任心强、有较强业务能力并具备相应执业资格的人员从事管理工作，提高管理水平；加强安全培训教育，依法进行培训考核和持证上岗，提高技术素质和安全防范意识。

（3）强化对施工组织设计和专项施工方案的编审及安全技术交底。对于危险性较大工程必须按照《危险性较大的分部分项工程安全管理办法》，在施工前单独编制安全专项施工方案，达到一

定规模时应当组织专家进行论证；要加强施工前的安全技术交底工作，交、接底双方应签字确认。

（4）各级安全生产监督管理部门必须严格执法。要切实加强行业管理，严格市场准入制度，依法审批施工企业资质、监理单位资质、安全生产许可证、工程施工许可证和工程招投标，并加强监督检查。督促企业加强安全生产管理，严格执行安全生产法律法规，保证安全生产投入，搞好"三级"安全教育，及时排查和消除事故隐患。

3.16 西安市华侨商店拆除引发坍塌事故

一、事故简介

2011年9月11日上午9时50分许，在西安市东大街端履门十字路口，A公司在拆迁华侨商店旧楼过程中，因南侧楼顶和外墙坍塌，将正在人行道行走的3人掩埋，事故造成2人死亡、1人轻伤。

二、原因分析

经初步调查分析，事故原因为A公司在拆除作业过程中，没有针对拆除现场和周边环境采取切实可行的施工方案和外围安全警戒措施，盲目实施房屋拆除，在拆除作业实施过程中牵引梁柱的钢丝绳突然滑脱，导致楼梯楼板失稳坍塌，从而导致事故发生。

西安市"9·11"事故现场（一）

西安市"9·11"事故现场（二）

西安市"9·11"事故清理现场

三、事故教训

一是加强承包商施工作业人员安全培训教育，提高安全意识、责任意识和作业风险辨识的能力，坚决杜绝"三违"行为。二是强化施工现场管理，扎实开展隐患排查、治理工作，严格落实施工企业安全生产责任制，加强监督考核。三是严把脚手架材料材质关、施工技术方案关、施工技术交底关和脚手架搭设检查确认关等关口，加强源头管控，坚决杜绝带病运行。四是强化监理单位履职责任，加大对施工现场安全生产的监管力度，把事故消灭在萌芽状态。

3.17 ×××市嘉社大厦脚手架坍塌事故

一、事故简介

2010年9月9日上午，施工人员正在逐一拆除大厦沿路一面搭建的脚手架时，外墙脚手架突然坍塌，当场导致多名施工人员被压在倒塌的脚手架下，停在路边的两辆皮卡车、一辆货车和一辆小车都被脚手架钢管砸中，挡风玻璃和车体都有不同程度受损。现场一片狼藉，龙园路路边一排人行道护栏被砸得变形，路边一根十多米高的灯柱也被砸倒。倒塌的脚手架位于龙园路97~101号楼房外，倒塌脚手架长约150米。该工程项目部负责人在第一时间启动应急预案，通知了消防和医疗部门。

经过对现场的勘察，消防人员制订了具体施救方案，首先将未倒塌的脚手架进行必要的支护作业防止发生进一步的坍塌；然后相关人员谨慎地将压在被困人员身上的建筑垃圾、钢管和木板移除；另外，为被困人员做一定的安全保障措施，让被困人员尽可能地带上安全帽，用湿毛巾捂住口鼻，避免坍塌或建筑垃圾灰尘伤害被困人员；最后用重型起重机将压在被困人员身上的脚手架吊起。医疗人员在消防战士和工人的帮助下迅速将被困人员转移到安全地带进行现场抢救并送往医院接受进一步治疗和检查。

经事后统计，当场造成3人受重伤，7人受轻伤，当时受伤人员仍在医院接受相关治疗。

二、原因分析

经现场调查、走访和施工记录分析出，造成该事故的原因有五个方面：

（1）施工安全观念薄弱。不少施工现场项目部对模板支撑系统技术要求观念不强，作业人员思想松懈，未按施工组织设计和施工方案进行作业，简化操作程序，且又未进行严格检查或检查不彻底，检查责任不到位，致使薄弱环节未能及时发现。由于前段时期连续雨水过多，造成现场局部基础松动、下陷，未及时检查、处理，导致坍塌部位脚手架基础未落到实处。脚手架的地基与基础是脚手架最主要的受力部位，直接关系到脚手架的安全和稳定。地基与基础处理不当，将从根本上影响脚手架的安全。搭设前必须按《规范》，验算其地基承载力，立杆地基应坚实、平整；立杆不埋设时，每根立杆底部应设置垫板或底座，并应设置纵、横向扫地杆，以防止脚手架出现不均匀沉降、倾斜、倾覆。湖南省株洲市某厂文体楼屋面模板坍塌事故，就是由于立杆地基不平整、未夯实，导致立杆下沉，造成模板支撑结构失稳。

（2）钢管弯曲。钢管经过多年使用后，部分钢管因各种原因产生了变形，然而施工单位和有关监督部门极少对模板支撑和脚手

架构件进行合格检查。钢管的弯曲变形严重影响了脚手架和模板支撑系统的承载能力,很多事故常常是由于钢管的局部失稳而产生连锁反应,从而导致整个系统破坏。

(3) 违章作业,建筑现场一线作业人员素质较低,技术交底和安全培训不到位。作业人员将部分连墙杆件拆除,拆除作业时安全措施不到位,以及脚手架受力不均。事故案例中,脚手架坍塌多由于局部立杆的承载力或稳定性不足。其中与脚手架设计相关的因素包括:立杆地基未经验算、立杆基础设置不合理;立杆纵、横距过大,水平杆步距过大;剪刀撑缺少;连墙件不足等。

(4) 作业缺乏指挥与监督,拆除作业时地面施工人员来回走动不受限制,交通道路上未作明显标志提示。案例表明,发生在脚手架搭设过程中的事故,与施工现场监管不力、未能及时发现事故苗头、施工和监理方未认真履行职责直接相关。施工方未能发现安全隐患,监理方对此未能及时督促施工方整改,最终发生事故。

(5) 模板支撑系统搭设习惯不良。搭设高度较高时,由于钢管长度限制,立杆必须采用对接扣件接长,但在施工中往往习惯采用回转扣件连接。这种对接方式,会产生偏心受力,对立杆稳定不利。在此项目中,由于建筑高度达到50m以上,施工单位便采取了这种搭接方式。只要立杆稍有偏心,该处的变形就很大,破坏往往在此首发。

三、事故教训

(1) 调整项目领导班子,充实管理、技术力量,免除该项目部项目经理的职务,派1名公司副经理担任项目经理,并从集团抽调1名注册房建结构工程师担任项目总工程师;质量安全保证部增加1名经验丰富的专职安全员。

(2) 加强专项施工方案的编制和安全技术交底。这次事故使我们充分认识到只有做到有章可循，才不会违章冒险蛮干或仅凭经验办事，因此项目部为每个单元工程编制了专项施工方案，并在每个专项施工方案中，编制专门的安全技术措施和进行安全技术交底。

(3) 应对钢管、扣件进行全过程监管。要做到从根本上杜绝劣质钢管，政府部门必须加大监管力度，严格市场准入制度，加强对钢管、扣件的生产、租赁和使用全过程的管理。施工单位要严格按国家标准规范搭建施工脚手架，必须购买、租用具备产品生产厂家生产许可证、产品质量合格证明、检测证明和产品标志的钢管、扣件；钢管、扣件使用前应按有关技术标准的规定，按批次进行抽样，送法定检测单位检测，经检测不合格的钢管、扣件一律不得使用；要对工地拟使用的钢管、扣件进行清查，对没有生产许可证、产品质量合格证、劣质的钢管、扣件一律清出施工现场，坚决不准使用；已搭设的脚手架，要认真做好检测加固工作，施工结束拆除后，对钢管、扣件进行检测，不符合要求的严禁再次用于工程。

(4) 在严管重罚的同时，还要广泛发动社会各方面的力量参与专项整治，广泛发动群众举报生产、销售和施工工地使用劣质钢管、扣件的违法活动；对查处的违法案件要及时在媒体曝光，对大案要案要追踪报道；对钢管、扣件质量抽查检测结果及时公布；媒体可对专项整治工作的进展情况进行综合分析性报道；各地区、各有关部门要制定钢管、扣件的生产、使用、租赁等环节的管理规定和地方标准，以规范钢管、扣件的生产租赁、使用等活动。

3.18
江苏省射阳县"1·15"脚手架坍塌事故

一、事故简介

2011年1月15日上午7时15分左右,位于江苏省射阳经济开发区境内的A公司项目建设工地,发生一起脚手架坍塌事故,造成3人死亡、3人受伤,直接经济损失约150万元。经市政府"1·15"事故调查组调查认定,这起事故是一起严重违反安全生产和建筑施工安全管理法律法规造成的责任事故。A公司成立于2007年12月,位于江苏省射阳经济开发区东区沿河东路中联工业园内,法定代表人季某,注册资本500万元,经营范围为环境工程施工,环保机械研发、制造、销售,污水处理设备、烟气在线监测设备制造、销售。

2010年5月,B公司非法借用C公司施工资质,通过议标方式,承揽A公司新厂区烟气中温干法多种污染物联合脱除设备制造项目的土建工程,随后,又分别与无资质个体包工头顾某、杨某签订了项目分包协议,顾某再次将木模制作(包括脚手架搭设)工程转包给无特种作业资质人员进行施工作业。该建设工程监理单位D公司聘用无工程监理资格的人员从事现场监理工作。

2011年1月15日早晨6时30分左右,10名瓦工陆续爬上了厂房南墙外脚手架上准备砌墙,6名辅工在地面准备材料。7时15分左右,脚手架发生坍塌。

二、原因分析

1. 直接原因

（1）脚手架严重超载，架体变形失稳。
（2）脚手架局部搭设不规范。
（3）风速影响脚手架及荷载物整体稳定。

2. 间接原因

（1）B公司非法借用C公司施工资质承揽工程业务，非法转（分）包，施工现场管理混乱，安全教育培训不到位，违章作业，野蛮施工，未能及时采取措施消除事故隐患。
（2）C公司非法出借施工资质，提供虚假情况。
（3）A公司明知B公司不具备安全生产条件，仍允许其以他人名义承揽本公司建设项目施工业务。在未依法取得规划、施工许可、消防安全审查等手续的情况下，擅自开工建设。
（4）D公司现场监理工作不力，聘用无工程专业监理资格的人员从事现场监理工作，对施工现场存在的安全隐患，未能及时组织排查和督促施工单位整改。
（5）江苏省射阳经济开发区管委会、射阳县住房与城乡建设局监管不到位。

三、事故教训

根据市政府批复的意见，依照有关规定，对19名事故责任人员作出严肃处理，其中，2名责任人被移送司法机关进行处理，17名责任人分别受到党纪、政纪处分和行政处罚。市安监局依据有关规定，对A、B、C和D公司给予罚款的行政处罚。市城乡建设局

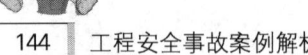

依据有关规定提请省住房和城乡建设厅对 B 公司的安全生产许可证暂扣一年，对 C 公司的安全生产许可证暂扣 60 天，对 D 公司的监理资质进行降级处罚。同时，责成江苏省射阳经济开发区管理委员会、射阳县住房和城乡建设局向射阳县人民政府作出深刻书面检查，射阳县人民政府对江苏省射阳经济开发区管理委员会、射阳县住房和城乡建设局主要负责人给予诫勉谈话。责成射阳县人民政府向盐城市人民政府作出深刻书面检查。

此次事故的教训及措施如下：

(1) 全面提高安全生产认识。各地区、各部门要认真吸取这起事故的教训，坚持"安全第一，预防为主，综合治理"的方针，牢固树立安全发展的理念，正确处理好经济发展与安全生产的关系，加大安全生产宣传教育力度，切实提高对安全生产工作重要性和必要性的认识。

(2) 切实增强法制观念。各建筑施工单位要严格遵守安全生产和建筑工程有关法律法规。对新建、改建、扩建工程必须履行法定的行政许可程序，严禁生产经营单位外借施工资质或无资质单位、个人借用施工资质承揽工程，严禁工程施工非法分包、转包。强化职工"三级"安全教育，未经培训合格不得上岗作业。强化特种作业人员的管理，未持证的特种作业人员不得上岗作业。

(3) 迅速整改事故隐患。各建筑施工单位要督促和教育员工严格遵守各项安全生产规章制度和操作规程，并确保严格执行，杜绝"三违"行为。要紧密结合本企业的特点和实际，认真开展安全生产大检查，对可能发生事故的各个环节、各个场所、各个岗位进行全面彻底的排查。对排查出的各类事故隐患，必须迅速落实整改人员、资金、措施，在规定的期限内整改到位。建设工程监理公司在抓好工程质量监理的同时，更要抓好工程的安全管理，监理人员必须持证上岗，对施工过程中的每个环节，特别是对技术性强、工艺复杂的项目一定要跟踪旁站到位，严格执行签字验收制度。

(4) 强化施工项目监管。各地区、各部门要认真履行职责，加强对建设工程监管力度,对不具备施工安全条件、未履行行政许可程序的项目不得开工建设。要组织开展打击非法挂靠、非法转包专项治理行动,加大执法力度,严厉打击非法违法行为,不留死角,不留盲点,对不符合安全生产条件的施工单位要坚决依法查处。

(5)层层落实安全生产责任。各地区、各部门和各单位要严格落实安全生产责任制和安全生产"一岗双责"制度,认真履行安全生产职责,切实将政府部门安全生产监管责任和企业安全生产主体责任落实到位。

(6)扎实做好安全生产工作。全市上下要认真贯彻落实国务院《关于进一步加强企业安全生产工作的通知》(国发〔2010〕23号)、省政府《关于进一步加强企业安全生产工作的意见》(苏政发〔2010〕136号)文件精神,认真组织开展"安全生产年"各项活动,认真做好建筑安全生产专项整治工作,严厉打击非法违法经营建设行为,采取切实有效的措施,努力压降各类事故,保持安全生产形势稳定,为全市经济又好又快发展提供一个良好的环境。

4 机械伤害安全事故案例

4.1 湖北"9·13"升降机伤害事故

一、事故简介

2012年9月13日13时10分许,武汉市东湖生态旅游风景区某建筑工地,发生一起施工升降机坠落造成19人死亡的重大建筑施工事故,直接经济损失约1800万元。东湖景园项目位于东湖风景区东湖村,分为A、B、C三个区,2011年5月18日开工建设,总建筑面积约80万 m^2。C区地块(60亩)为东湖村集体土地,至事故发生时尚未办理完成建设用地转用和供地手续。

"9·13"项目施工现场

"9·13"升降机坠落现场

二、原因分析

1. 直接原因

事故发生时，事故施工升降机导轨架第66和67节标准节连接处的4个连接螺栓只有左侧两个螺栓有效连接，而右侧（受力边）两个螺栓的螺母脱落，无法受力。在此工况下，事故升降机左侧吊笼超过备案额定承载人数（12人），承载19人和约245公斤物件，上升到第66节标准节上部（33楼顶部）接近平台位置时，产生的倾翻力矩大于对重体、导轨架等固有的平衡力矩，造成事故施工升降机左侧吊笼顷刻倾翻，并连同67～70节标准节坠落地面。

2. 间接原因

（1）A公司作为东湖景园C区施工总承包单位，管理混乱，将施工总承包一级资质出借给其他单位和个人承接工程；使用非公司人员吴某的资格证书，并在投标时将吴某作为东湖景园项目经理，但未安排吴某实际参与项目投标和施工管理活动；未落实企业安全生产主体责任，未建立安全隐患排查整治制度，未落实教育培训制度，未认真贯彻落实相关监管部门有关建设工程安全生产专项检查和隐患排查文件精神，对东湖景园施工和施工升降机安装使用的安全生产检查和隐患排查流于形式，未能及时发现和整改事故施工升降机存在的重大安全隐患，造成严重后果。

（2）东湖景园C区施工项目部，系B公司股东、党委书记易某以C集团有限公司名义组织成立。该项目部现场负责人和主要管理人员均非C集团有限公司人员，现场负责人易某及大部分安全员不具备岗位执业资格；安全生产管理制度不健全、不落实，在东湖景园无《建设工程规划许可证》、《建筑工程施工许可证》、《中标通知书》和《开工通知书》的情况下，违规进场施工，且施工过程中忽视安全管理，现场管理混乱，并存在非法转包；未依照《武汉市建筑起重机械备案登记与监督管理实施办法》，对施工升降机加节进行申报和验收，并擅自使用；联系购买并使用伪造的施工升降机"建筑施工特种作业操作资格证"；对施工人员私自操作施工升降机的行为，制止管控不力；未认真贯彻落实相关监管部门有关建设工程安全生产专项检查和隐患排查文件精神，对东湖景园施工和施工升降机安装使用的安全生产检查和隐患排查流于形式，未能及时发现和整改事故施工升降机存在的重大安全隐患，造成严重后果。

(3) D公司作为东湖景园C区C7-1楼施工升降机的设备产权及安装、维护单位，安全生产主体责任不落实，安全生产管理制度不健全、不落实，安全培训教育不到位，企业主要负责人、项目主要负责人、专职安全生产管理人员和特种作业人员等安全意识薄弱；公司内部管理混乱，起重机械安装、维护制度不健全、不落实，施工升降机加节和附着安装不规范，安装、维护记录不全不实；安排不具备岗位执业资格的员工杜某负责施工升降机维修保养；未依照《武汉市建筑起重机械备案登记与监督管理实施办法》，对施工升降机加节进行验收和使用管理；未认真贯彻落实相关监管部门有关建设工程安全生产专项检查和隐患排查文件精神，对施工升降机使用安全生产检查和维护流于形式，未能及时发现和整改事故施工升降机存在的重大安全隐患，造成严重后果。

(4) E公司作为东湖村委会委托的东湖景园建设管理单位，不具备工程建设管理资质，在东湖景园无《建设工程规划许可证》、《建筑工程施工许可证》和未履行相关招投标程序的情况下，违规组织施工、监理单位进场开工。未经规划部门许可和放、验红线，擅自要求施工方以前期勘测的三个测量控制点作为依据，进行放线施工；在《建筑规划方案》之外违规多建一栋两单元住宅用房；在施工过程中违规组织虚假招投标活动。未落实企业安全生产主体责任，安全生产责任制不落实，未与项目管理部签订安全生产责任书；安全生产管理制度不健全、不落实，未建立安全隐患排查整治制度。武汉万嘉置业有限责任公司东湖景园项目管理部只注重工程进度，忽视安全管理，未依照《武汉市建筑起重机械备案登记与监督管理实施办法》，督促相关单位对施工升降机进行加节验收和使用管理；未认真贯彻落实相关监管部门有关建设工程安全生产专项检查和隐患排查文件精神，对项目施工和施工升降机安装使用安全生产检查和隐患排查流于形式，未能及时发现和督促整改事故施工升降机存在的重大安全隐患，造成严重后果。

(5) E 监理有限责任公司作为东湖景园 C 区监理单位,安全生产主体责任不落实,未与分公司、监理部签订安全生产责任书,安全生产管理制度不健全,落实不到位;公司内部管理混乱,对分公司管理、指导不到位,未督促分公司建立健全安全生产管理制度;对东湖景园《监理规划》和《监理细则》审查不到位;武汉博特建设监理有限责任公司使用非公司人员曾某的资格证书,在投标时将曾某作为东湖景园项目总监,但未安排曾某实际参与项目投标和监理活动。东湖景园项目监理部负责人(总监代表)丁某和部分监理人员不具备岗位执业资格;安全管理制度不健全、不落实,在项目无《建设工程规划许可证》、《建筑工程施工许可证》和未取得《中标通知书》的情况下,违规进场监理;未依照《武汉市建筑起重机械备案登记与监督管理实施办法》,督促相关单位对施工升降机进行加节验收和使用管理,自己也未参加验收;未认真贯彻落实相关监管部门有关建设工程安全生产专项检查和隐患排查文件精神,对项目施工和施工升降机安装使用安全生产检查和隐患排查流于形式,未能及时发现和督促整改事故施工升降机存在的重大安全隐患,造成严重后果。

(6) 武汉市东湖生态旅游风景区东湖村委会作为东湖景园建设单位,违反有关规定选择无资质的项目建设管理单位;对项目建设管理单位、施工单位、监理单位落实安全生产工作监督不到位;未认真贯彻落实武汉市城乡建设委员会等部门有关建设工程安全生产专项检查和隐患排查文件精神,对施工现场存在的安全生产问题督促整改不力,造成严重后果。

(7) 武汉市城乡建设委员会作为全市建设行业主管部门,虽然对全市建设工程安全隐患排查、安全生产检查工作进行了部署,但组织领导不力,监督检查不到位;对武汉市城建安全生产管理站领导、指导和监督不力。该委员会建筑业管理办公室指定洪山区建筑管理站为东湖景园建设安全监管单位,后续监督检查工作不到位,未能及时发现并制止东湖景园违法施工行为,造成严重后果。

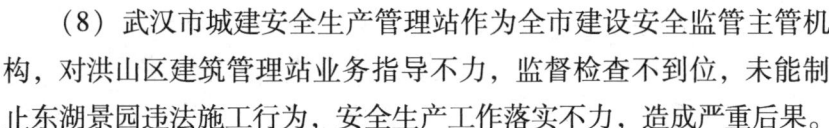

(8) 武汉市城建安全生产管理站作为全市建设安全监管主管机构，对洪山区建筑管理站业务指导不力，监督检查不到位，未能制止东湖景园违法施工行为，安全生产工作落实不力，造成严重后果。

(9) 武汉市洪山区建筑管理站及下属和平分站作为东湖景园建设安全监管单位，在该项目无《建设工程规划许可证》、《建筑工程施工许可证》的情况下，未能有效制止违法施工，对参建各方安全监管不到位。对工程安全隐患排查、起重机械安全专项大检查的工作贯彻执行不力，未能及时有效督促参建各方认真开展自查自纠和整改，致使事故施工升降机存在的重大安全隐患未及时得到排查整改，造成严重后果。

(10) 武汉市城市管理局作为全市违法建设行为监督执法部门，在接到东湖景园违法施工举报后，没有严格执法；该局查违处处长林某到现场进行调查和了解后，于2011年11月25日主持召开市查违办月度绩效考核例会，将非市重点工程的东湖景园当作市重点工程，同意了东湖生态旅游风景区查违办提供的《会议纪要》对该项目作出"暂缓拆除，并督促其补办、完善相关手续"的意见，之后没有进一步检查督办是否停工补办相关手续，使得该项目得以继续违法施工，造成严重后果。

(11) 东湖生态旅游风景区城管执法局作为该风景区违法建设行为监督执法部门，在接到东湖景园违法施工举报后，虽然对该项目下达了《违法通知书》、《违法建设停工通知书》、《违法建设拆除通知书》、《强制拆除决定书》，但没有严格执行，在按照该风景区管委会有关领导"争取变通解决办法"的要求，争取到武汉市城市管理局对该项目同意"暂缓拆除"后，没有督促有关单位停工补办相关手续，使得该项目得以继续违法施工，造成严重后果。

(12) 东湖生态旅游风景区管委会城乡工作办事处作为该风景区管委会派出的，负责东湖村在内有关区域行政管理工作的机构，未认真贯彻落实安全生产责任制，未正确领导东湖景园参建各方严格执行国家、省、市有关安全生产法律法规和文件精神，造成严重后果。

（13）东湖生态旅游风景区管委会作为武汉市政府派出的，负责该区域行政管理工作的机构，未认真贯彻落实安全生产责任制，未有效领导东湖景园参建各方和监管部门严格执行国家、省、市有关安全生产法律法规和文件精神，造成严重后果。

三、事故教训

（1）安全生产主体责任未落实，未与分公司、监理部签订安全生产责任书，安全生产管理制度不健全，落实不到位。

（2）公司内部管理混乱，对分公司管理、指导不到位，未督促分公司建立健全安全生产管理制度。

（3）相关人员证书资质不符合要求（有证的不干活，干活的没有证）。

（4）进场施工手续不完备，未履行相关手续。

（5）项目施工安全生产检查和隐患排查流于形式，未能及时发现和督促整改事故施工升降机存在的重大安全隐患（升降机属于特种设备，超期3个月未申报检测，安装有问题，未进行日常有效检查和保养）。

（6）特种设备未安排有资质的操作人员操作。

4.2 山东省淄博市"10·10"塔吊倒塌事故

一、事故简介

2008年10月10日，山东省淄博市某居民楼工程发生一起塔吊倒塌事故，由于施工地点临近某幼儿园，造成 5 名儿童死亡、2 名儿童重伤，直接经济损失约 300 万元。

该工程建筑面积 $4441m^2$，合同造价 355.21 万元。施工单位与某私人劳务队签订承包合同，将该工程进行了整体发包。该工程的监理通过伪造、使用某监理公司的技术专用章（不能作为合同、协议用章）承揽到此项工程的监理任务。

事发当日，塔吊司机（无塔式起重机操作资格证）操作 QTZ-401 型塔式起重机向作业面吊运混凝土。当装有混凝土的料斗（重约 700kg）吊离地面时，发现吊绳绕住了料斗上部的一个边角，于是将料斗下放。在料斗下放过程中塔身前后晃动，随即塔吊倾倒，塔吊起重臂砸到了相邻的幼儿园内，造成惨剧。

根据事故调查和责任认定，对有关责任方作出以下处理：施工队负责人、施工现场负责人、现场监理等 5 名责任人移交司法机关依法追究刑事责任；建设单位负责人、塔吊安装负责人、施工单位负责人等 14 名责任人受到行政或党纪处分；施工、政府有关部门等责任单位分别受到罚款、通报批评等行政处罚。

"10·10" 塔吊倒塌事故现场（一）

"10·10"塔吊倒塌事故现场（二）

二、原因分析

1. 直接原因

塔式起重机塔身第 3 标准节的主弦杆有 1 根由于长期疲劳已断裂；同侧另 1 根主弦杆存在旧有疲劳裂纹。该塔吊存在重大隐患，安装人员未尽安全检查责任。

2. 间接原因

（1）使用无塔吊安装资质的单位和人员从事塔吊安装作业。安装前未进行零部件检查；安装后未进行验收。

（2）塔吊安装和使用中，安装单位和使用单位没有对钢结构的关键部位进行检查和验收。未及时发现非常明显的重大隐患并采取有效防范措施。

（3）塔吊的回转半径范围覆盖毗邻的幼儿园达 10m，未采取安全防范措施。

(4)塔吊操作人员未经专业培训,无证上岗。

(5)建设、城管、教育等主管部门贯彻执行国家安全生产法律法规不到位,没有认真履行安全监管责任,对辖区存在的非法建设项目取缔不力,安全隐患排查治理不力。

三、事故教训

(1)建设单位要依法办理并完善有关行政审批手续,按照招投标规定,使用有资质、有技术力量、具备安全生产条件的是施工单位和监理单位,确保工程的安全与质量。

(2)施工单位要认真履行主体责任,加强安全管理,消除事故隐患。

(3)各有关单位要依据有关法律法规加强管理,规范其中机械设备的制造、安装、使用、检验、操作和日常检查,确保设备安全运行。

(4)各级政府和负有安全监管职责的有关部门要认真履行安全生产管理职责,严禁无资质施工单位进入建筑市场。

这是一起由于塔吊安装单位无资质施工且未严格履行验收手续而引发的生产安全责任事故。事故的发生暴露出该工程在大型机械设备管理上存在严重的缺陷和问题。我们应认真吸取教训,做好以下几个方面的工作:

(1)参建各方必须严格遵守相关法规。这起事故中建设、施工、监理单位无视国家相关法律法规。总包单位违法将工程转包给无施工资质的施工队,建设监理单位监督不到位。惨痛的教训再次要求施工单位要认真履行主体责任,加强安全管理,消除事故隐患;建设单位要依法办理并完善有关行政审批手续,按照招投标规定,使用有资质、有技术力量、具备安全生产条件的施工单位和监理单位,确保工程的安全与质量。

(2)加强机械设备日常维护保养管理。事故塔吊标准节主弦

杆断裂这一现象,充分暴露了设备日常管理、维修保养不到位等问题。当时建筑业市场发展较快,一些大中型机械设备逐渐开始由规模较小的租赁单位,甚至由劳务队伍管理,造成设备日常维护不到位,直接导致了很多设备带故障运行。这也是当时亟待解决的一个问题。

(3) 强化政府监管职责。各级政府负有安全监管职责的有关部门要认真履行安全生产管理职责,严禁无资质施工单位进入建筑市场。要依据有关法律法规加强管理,规范起重机械设备的制造、安装、使用、检验、操作和日常检查,确保设备安全运行。

4.3 福建省宁德市"10·30"起重伤害事故

一、事故简介

2008年10月30日,福建省宁德市某房地产开发项目施工现场发生一起施工升降机吊笼坠落事故,造成12人死亡,直接经济损失521.1万元。该项目总建筑面积18313m^2,总造价23843.22万元,共计8栋楼,发生事故的3号楼高85.45m,共计28层。事故发生在上午6时左右,3号楼木工班组、钢筋班组共计12名施工员,吃完早饭后,乘坐施工升降机准备到25层工作面作业,由其中1人(非操作人员)擅自开机。由于第43标准节间两侧两根连接螺栓紧固螺母脱落,东侧吊笼产生的倾覆力矩大于上部4节标准节自重及钢丝绳拉力产生的稳定力矩,造成第43~46标准节倾倒在3号楼东面外钢管脚手架上,受吊笼重力和冲击力的作用,致使吊笼滚轮和安全钩滑脱标准节,对重钢丝绳脱离顶部滑轮,吊笼坠落在2号楼与3号楼之间的2层平台上,坠落点与施工升降机机架的中心点距离约6m。

根据事故调查和责任认定,对有关责任方作出以下处理:建设单位法人、副总经理、总监理工程师代表等18名责任人移交司法机关依法追究刑事责任;借出资质的施工、劳务单位法人、项目经理、升降机安装单位负责人等33名责任人受到相应行政处罚;建设、监理等单位受到相应经济处罚。

"10·30"事故现场

二、事故原因

1. 直接原因

施工现场设备管理严重缺失,施工升降机安装、检测、日常检查、维护保养未到位。当东侧吊笼行至第44、45标准节时,由于施工升降机第42、43标准节间西侧两根连接螺栓紧固螺母已脱落,倾覆力矩大于稳定力矩,致使第42节以上4节标准节倾倒,吊笼滚轮和安全钩滑脱标准节,对重钢丝绳脱离顶部滑

轮，吊笼坠落。

2. 间接原因

（1）现场安全管理混乱，建设单位严重违反工程建设质量和安全生产的法律法规，集开发、施工和设备安装于一体，签订"阴阳"合同，私招乱雇，把分项工程发包给无相应施工资质的农民工组织施工。

（2）项目部安全管理缺失，现场管理混乱。项目部未成立安全生产管理机构，未配备专职安全管理人员，现场安全管理人员未经专门安全培训，无证上岗。项目经理长期不到位，施工人员岗前三级安全教育制度不落实。

（3）施工单位把资质提供给建设单位使用，从中收取管理费。允许他人以本单位的名义进行建筑施工，且未履行《建设工程施工合同》的约定，未派出项目经理进驻施工现场，严重违反了工程建设质量和安全生产的法律法规。

（4）劳务分包、脚手架专业分包单位把各自的模板作业劳务分包、脚手架劳务分包资质提供给建设单位使用，从中收取管理费，允许他人以本单位的名义进行模板工程、脚手架安装工程施工，且均未履行《建设工程施工劳务分包合同》上的约定，未派出项目经理进驻施工现场管理，严重违反工程建设质量和安全生产的法律法规。

（5）监理单位违反《建设工程监理规范》，监理人员未按投标承诺到位，未认真履行监理职责，总监长期不到位，现场管理力量弱化。一是未认真履行《建设工程委托监理合同》，违规协助、配合建设单位降低工程监理收费标准，降低监理标准；二是协助施工单位造假；三是未能依法履行工程监理职责；四是监理人员安全意识淡薄。

（6）工程质量监督检测机构不重视施工升降机检测前置条件相关资料项目的检查，未按施工升降机检测技术标准和规范要求认

真组织检测,仅凭经验编写检测数据,不负责任地出具检测合格报告,为非法安装的施工升降机顺利通过检测提供方便。

三、事故教训

(1) 建设单位无视法律法规,一味追求经济利益。建设单位置国家相关法律法规于不顾,借资质自己搞施工,签订"阴阳合同",集开发、施工和设备安装于一体,现场安全管理混乱。

(2) 个别施工单位,提供资质,收取管理费。协助建设单位签订"阴阳合同",属于明显的出卖职业资质行为;而签订《公司内部经济责任承包合同》,是典型的项目经理大包干现象,为建设单位弄虚作假提供了途径。

(3) 工程监理形同虚设。建筑工程咨询监理事务所置法律法规于不顾,同建设单位签订《委托监理补充协议》明确监理费一次包干,低成本必然造成管理粗放,一名监理管多个项目,人员不到岗,形成经营、管理上的恶性循环。

(4) 检测单位安全管理存在漏洞。作为特种设备检测单位,某省建筑工程质量监督检测中心不重视前置条件检查,未按要求组织检测,仅凭经验编写数据,不负责任地出具检测合格报告,在安全管理上存在死角,为非法安装的施工升降机顺利通过检测提供方便。

(5) 在工程施工过程中,从建设单位开始,分部工程被层层转包,最终由没有任何资质的包工队完成。

(6) 执法管理存在漏洞。有关主管部门执法不严、日常监管不力,对建设单位利用施工单位资质自行组织施工、层层转包、私招乱雇等情况,未能及时发现并制止,对发现的重大安全隐患,对多次重复出现同类安全隐患的施工单位,未采取任何措施,也未依法进行行政处罚。

这是一起由于施工现场机械管理失控引发的生产安全责任事

故。事故的发生暴露出建设单位违法发包、施工单位安全管理缺失、监理单位不认真履行职责等一系列问题。我们应认真吸取教训，做好以下几项工作：

（1）切实加强建设工程安全生产监督管理。各级政府安全生产监督管理部门应认真执行《中华人民共和国安全生产法》、《中华人民共和国建筑法》、《中华人民共和国合同法》和《建筑企业资质管理规定》等法律法规，从源头上严把房地产开发等企业的项目招投标、施工许可关。地方监管部门的不作为，致事故隐患长期存在，终酿成较大安全事故。

（2）严格执法，严厉查处项目开发、设计、施工、监理、安装、检测等各环节中存在的弄虚作假行为，严格查处违法分包、转包和挂靠等行为。

（3）严格建筑市场准入管理，完善建筑市场清出机制。加强企业资质审批后监管，加大对建设工程违法发包行为的惩处力度。施工升降机的安装和拆除作业专业性强、危险性大，必须由具备相应资质的专业队伍完成。安装前要编制方案，安装后经技术试验确认合格后方可投入运行。

（4）依法监理，严格自律，认真履行监理职责。工程监理虽是受业主委托和授权，但它是作为独立的市场主体为维护业主的正当权益服务的，在维护业主正当权益的同时，监理也应维护承包商的正当权益，按现行监理制度规定的监理依据、程序、方法规范化地履行职责。

（5）切实落实建筑施工企业的安全生产主体责任。建立建筑市场信用体系，督促建筑施工单位建立健全本单位安全生产管理规章制度，严厉打击建筑施工企业卖牌子的行为，同时加大安全隐患排查整治力度。

4.4 陕西省宝鸡市"7·14"塔吊倒塌事故

一、事故简介

2008年7月14日,陕西省宝鸡市某商住楼工程施工现场,发生一起塔式起重机在顶升过程中倒塌的事故,造成3人死亡、3人受伤,直接经济损失155万元。

该工程共30层,一、二层为商场,三层以上为住宅,建筑面积45000m²,合同造价4409.8万元。2007年11月,在尚未取得审批手续和施工许可证的情况下,工程擅自开工建设,截至2008年7月14日事发时,已施工至十二层。

事故发生时,塔式起重机高度约60m,已经安装两道附着,第一道附着高度23.5m,第二道附着高度41.5m。2008年7月14日12时左右,施工单位临时招来无特种作业资格证书的6名施工人员,对工程西侧的塔式起重机进行顶升作业。16时左右,正在顶升第二节标准节,当油缸顶升高度700mm时,塔帽晃动,连接平衡臂与塔帽的拉杆在塔帽顶端连接处销轴脱落,平衡臂失稳,塔吊产生晃动,两块配重断裂,砸向平衡臂下约16m处,平衡臂整体砸向臂下约13m处,第二道附着拉断,塔吊失稳,塔身扭转倒塌,塔上作业人员坠落。

根据事故调查和责任认定,对有关责任方作出以下处理:建设单位法人代表、施工单位项目经理2人移交司法机关依法追究刑事责任;施工单位副经理、项目经理、监理单位项目总监等8名责任人分别受到撤职、暂停执业资格、吊销岗位证书等行政处罚;建设、施工、监理等单位分别受到罚款、暂扣安全生产许可证 90 天且两年内不得在该市参与工程施工投标、暂扣监理资质证书等行政处罚。

"7·14"塔吊倒塌事故现场

二、事故原因

1. 直接原因

塔式起重机塔帽与平衡臂拉杆连接处销轴脱落。由于在"5·12"汶川地震时平衡臂晃动,销轴、销孔严重变形,销轴末端开口销被切断、脱落,未进行修复或更换。顶升作业产生晃动,使已变形松动的销轴滑脱,平衡臂失稳,塔式起重机倒塌。

2. 间接原因

(1)建设单位在未取得建设工程规划许可证和施工许可证的情况下擅自开工,未按规定程序自行选定施工单位、监理单位,未

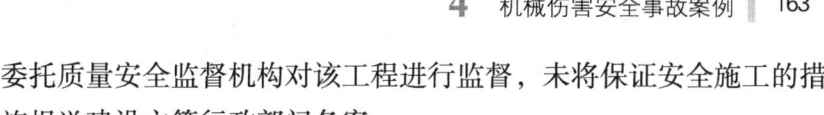

委托质量安全监督机构对该工程进行监督，未将保证安全施工的措施报送建设主管行政部门备案。

（2）施工单位作为塔式起重机的产权、安装和使用单位，无特种设备安装、拆除资质，塔吊安装前，未制定塔吊安装方案，安装后，无设备验收、自检等资料。

（3）施工单位在塔式起重机使用前未按要求委托具有相应资质的检测机构进行特种设备检测，未作自检和日常维护保养，致使塔吊销轴的公差配合超差隐患长期存在，未得到整改。

（4）施工单位在塔式起重机顶升作业前，未对作业人员进行安全技术交底，未对作业人员进行相关业务培训，作业过程中无具体的安全措施，也无专人现场负责。

（5）施工单位项目部无特种设备管理制度，无操作人员岗位职责，无特种设备日常维修、保养记录，项目部虽建立了安全生产责任制和相关制度，但未落到实处，对现场疏于管理，安全跟踪不到位。

（6）监理单位未按规定程序进场监理，对未办理施工许可证、未办理质量安全监督手续的违法行为采取措施不力。在工程监理过程中，监理人员更换频繁，总监代表不在现场办公，未能履行工程监理的职责。

三、事故教训

（1）安全意识淡薄。施工单位在无特种设备安装、拆除资质的情况下，擅自组织塔式起重机安装、顶升，严重违反了《建筑起重机械安全监督管理规定》。

（2）缺乏特种设备安全管理常识。施工单位在塔式起重机使用前未按要求委托具有相应资质的检测机构进行特种设备检测，未按操作规程要求，组织自检和日常维护保养，在"5·12"汶川地震后，没有及时进行全面检查和验收，致使隐患长期存在，发生事故。

（3）安全管理制度不健全。该项目部无特种设备管理制度，无操作人员岗位职责，无日常维修、保养记录，安全管理制度严重缺失。

（4）法律意识淡薄。建设单位无视国家有关法规要求，擅自组织施工，自行选定施工单位、监理单位。

（5）监理不到位。某工程技术质量咨询公司进场程序本身违法，所以对未办理施工许可证、未办理质量安全监督手续的违法行为视而不见。

（6）执法不到位。从工程开工到发生事故，8个月间，违法建筑已建设12层，但有关部门视而不见，监管不严，直致事故发生。

这是一起由于违章顶升塔式起重机而引发的生产安全责任事故。事故的发生暴露出该工程参建各方安全法制意识淡薄、机械管理缺失等问题。我们应认真吸取事故教训，做好以下几方面工作：

（1）严格执行法规、部门规章及规范、标准。建筑起重机械应严格按照《建筑起重机械安全监督管理规定》办理备案手续，由具备相关资质的单位组织安装、拆除，并按规定组织检测，合格后方可使用。这起事故中，塔吊产权单位（也是使用单位）违反《建筑起重机械安全监督管理规定》，擅自招募临时无证人员对塔式起重机进行顶升作业。

（2）进一步明确和强化建设单位主体责任。建设单位违反《中华人民共和国城市规划法》、《中华人民共和国建筑法》，在未取得审批手续和施工许可证的情况下擅自组织施工使工程长期脱离监管，未能及时发现处理事故隐患。应加强城市规划执法检查，认真组织建筑施工安全检查，并及时发现违法行为，并及时制止和处理。

（3）建立健全安全管理规章制度。施工单位应根据《建筑起重机械安全监督管理规定》，建立特种设备管理制度，明确相关人员岗位职责，做好日常维修、保养记录。加强特种设备安全培训。塔式起重机使用过程中，应严格按照操作规程要求，进行自检和日常维护保养，特殊情况下，应组织全面检查和验收。

(4) 依法监理，认真履行监理职责。根据我国工程建设法律法规，工程监理是受业主委托和授权，但它是作为独立的市场主体为维护业主的正当权益服务的，应严格执行有关法律法规。

4.5 北京市朝阳区"4·30"起重伤害事故

一、事故简介

2008年4月30日，北京市朝阳区某住宅楼工程施工现场，使用汽车起重机拆卸塔式起重机过程中，汽车起重机发生侧翻，塔式起重机起重臂撞在临近一台正在运行的施工升降机上，导致升降机梯笼坠落，造成3人死亡、2人重伤。

该工程总包单位与起重设备安装工程专业资质为三级的某机械租赁站签订《塔式起重机租赁合同》和《塔式起重机安全管理协议》，租用其一台QTZ160F（JL6516）塔式起重机，在该工程2号楼工地实施起重作业。根据双方租赁合同和管理协议，机械租赁站负责该塔式起重机的安装、拆除工作。机械租赁站出租的塔式起重机实际产权属于私人所有，挂靠在该机械租赁站，由塔机产权人组织施工人员，负责该塔式起重机的安装作业。

经监理单位同意，塔吊产权人指派一名现场代表负责组织人员并指挥拆卸该塔式起重机。同时，他租用某个人的汽车起重机，实施拆卸塔式起重机的吊装作业。4月30日7时左右，塔吊产权人指派的现场代表开始组织拆卸作业。9时左右，在拆卸吊装塔吊起重臂作业过程中，汽车起重机倾覆，塔吊起重臂撞到3号楼施工升降机轨道上，导致正在运行的施工升降机坠落至地面。

根据事故调查和责任认定，对有关责任方作出以下处理：塔吊产权人、拆卸现场负责人、汽车起重机司机3人移交司法机关依法追究刑事责任；施工单位项目经理、总监理工程师、机械租赁站负责人等4名责任人分别受到吊销执业资格、暂停执业资格、罚款等行政处罚；施工、监理、机械租赁单位分别受到暂扣安全生产许可证并暂停在北京市建筑市场投标资格90天、暂停在北京市建筑市场投标资格30天、吊销专业承包资质和安全生产许可证等行政处罚。

二、原因分析

1. 直接原因

汽车起重机超载吊装，塔式起重机起重臂吊点位置不正确。该塔式起重机起重臂长度60m，经现场测量，汽车起重机吊装起重臂时，出臂长度28.1m，幅度12m，此时允许起重力矩98.4t·m，实际吊装力矩129.6t·m，超载32%。汽车起重机吊钩中心线应位于距塔式起重机起重臂根部24m处，而实际位置在23.5m处，由于选择吊钩中心线与塔式起重机起重臂重心不重合，吊钩起升力与塔式起重机起重臂重心形成扭矩，塔式起重机起重臂与塔身分离后，摆动造成的冲击荷载导致汽车起重机失去平衡发生侧翻。

2. 间接原因

（1）机械租赁站超资质范围从事该塔式起重机的安装和拆卸作业。该机械租赁站的起重设备安装工程专业三级资质只能承接不超过800kN·m的塔式起重机拆装，不具备拆装该塔式起重机的资质。

（2）塔式起重机拆卸现场安全管理混乱。拆装方案针对性不强，未向施工人员进行安全技术交底，拆卸人员不具备起重设备拆装作业证。拆卸现场警戒区域存在安全隐患，位于拆卸作业影响范围内的3号楼施工升降机在塔吊拆除期间未停止作业。

(3)施工单位项目经理部,未严格审核机械租赁站资质及拆装方案、特种作业人员资格证书等资料,拆卸过程中,未对拆卸作业现场实施有效的监督和管理,对拆卸现场警戒区域存在的隐患未及时发现和消除。

(4)监理单位未认真履行安全监理职责,未严格审查机械租赁站资质及拆装方案、特种作业人员资格证书等资料,对拆卸现场警戒区域存在的隐患未及时发现和消除。

三、事故教训

(1)存在侥幸心理。拆装单位不具备拆装此类塔式起重机的资质,拆卸人员不具备起重设备拆装作业资格证书。盲目组织拆除作业,主要是存在侥幸心理,认为仅凭经验就可以拆除,所以超资质承揽该工程。

(2)安全管理缺乏预见性。总包和监理单位对塔式起重机拆卸作业过程未实施有效的监督和管理,对拆卸现场警戒区域存在的隐患未及时发现和消除。

(3)安全意识淡薄,技术能力欠缺。塔式起重机拆装单位现场负责人不重视安全生产工作,使用不具备拆卸作业资质的人员从事拆卸作业,未向作业人员进行安全技术交底,在拆卸现场警戒区域存在安全隐患的情况下指挥作业。

这是一起由于吊点不合理且超载引发的生产安全责任事故。事故的发生暴露出该工程现场管理失控、违章组织塔吊拆除作业、安全管理缺失等问题。我们应认真吸取教训,做好以下几个方面工作:

(1)完善起重吊装施工技术措施。这起事故中,由于吊点选择有误,致使塔式起重机起重臂脱离塔身后摆动,而汽车起重机超载吊装,不能有效抵御起重臂摆动造成的冲击荷载而侧翻。所以,塔式起重机拆装作业中,拆装单位必须认真考察作业现场,根据实际情况,编制详细的施工方案,通过计算,选择汽车起重机型号,

确定起重吊装位置。塔式起重机拆装单位应严格按照《建筑企业资质管理规定》承揽任务，认真进行现场考察，根据具体作业位置选择起重设备，针对现场实际情况编写拆装方案，对作业人员进行有针对性的安全技术交底，明确具体措施和方法。

（2）加强拆装作业资格预审。塔式起重机安装、拆除前，总分包、监理单位一定要认真审查塔式起重机拆装单位的资质，实际考察其是否具备作业所需条件。总包和监理单位应按照有关规定，严格审核塔式起重机拆装单位的资质、拆装方案和特种作业人员资格证书。

（3）注重拆装作业安全防范。拆装作业过程中，要明确警戒区域，有预见性地确定拆装作业可能影响的范围，排查事故隐患并及时消除，并对拆卸作业全过程实施严格的监督管理。本案例中，如果施工升降机在拆塔过程中停止运输，那么即使出现重大的设备损失，人员伤亡一定会大大减少。

（4）认真组织隐患排查。总包和监理单位在塔式起重机拆卸作业过程中，应对拆卸作业现场实施严格的监督和管理，划定警戒区域，查找存在的隐患并及时消除。加强安全生产教育，认真组织安全检查。应加强对塔式起重机拆装单位现场负责人的安全教育，对拆装过程的各个环节严格把关，认真落实方案和安全技术交底的要求。

4.6
湖北省鄂州市"3·22"起重伤害事故

一、事故简介

2008年3月22日，湖北省鄂州市福源·江域蓝湾小区工程发生一起施工升降机吊笼坠落事故，造成3人死亡，直接经济损失

129.2万元。

该工程总建筑面积4.65万m²，高24层，其中1～3层为商铺，3层以上为住宅，于2007年5月开工，事发时，工程已施工到22层。发生事故的施工升降机为人货两用升降机（以下简称升降机）。2007年10月由制造单位出售并负责安装。3月22日13时左右，施工单位3名施工人员装载3手推车混凝土、1手推车水泥砂浆搭乘工地升降机，当升降机上升运行到20～21层区间时，电气控制系统突发故障，卷扬机的电动机失去动力，电磁制动器处于开启状态，吊笼开始从上升运行转为自由下滑，在20～13层区间，吊笼上两只防坠安全器中有一只先后动作两次均未能使吊笼有效制停，吊笼坠落至地面，造成人员伤亡。

根据事故调查和责任认定，对有关责任方作出以下处理：项目经理、升降机操作工、项目总监理工程师等8名责任人受到撤职、辞退、暂停执业资格等行政处罚；施工、监理、升降机制造等单位分别受到相应经济处罚；对建设、施工、监理及政府有关部门在全市范围予以通报批评。

二、原因分析

1. 直接原因

升降机在运行中电器控制系统突发故障，导致卷扬机失去动力，电磁制动器处于开启状态，自动抱闸不能闭合，吊笼失控下坠；下坠过程中，吊笼上两个防坠安全器只有一个动作，未能有效制停自由下滑的吊笼。

2. 间接原因

（1）升降机制造单位未按照安装说明书安装升降机限速器重锤，只是用铁丝把重锤捆绑在门架上；升降机安装后，未自检、未

出具合格证明、未验收，就将升降机交付使用；升降机每次加节后，未对设备进行调试和校验，未经过检验部门检验，使设备带病运行。

（2）施工单位在升降机未经检测检验、未验收、并未办理验收手续的情况下投入使用，且升降机司机无证上岗，施工人员违章擅自操作。

（3）监理单位未对升降机安装使用过程进行程序监理；对特种作业人员无证上岗未进行有效监督。

三、事故教训

这起事故暴露出升降机在生产、安装、使用过程中存在的诸多问题。升降机制造单位出具的产品合格证与发生事故的升降机产品编号不符，发生事故的升降机无产品合格证；在升降机安装、使用过程中未按有关规定把好自检关、验收关、调试关和检测关；施工、监理单位未对升降机安全状况及特种作业持证上岗情况进行有效监理，教训深刻。

这是一起由于施工升降机电控故障导致卷扬机丧失动力，同时防坠保险装置失效引发的生产安全责任事故。事故的发生暴露出该工程施工升降机在生产、安装、检验和使用过程中都存在缺乏有效监控等问题。我们应认真吸取事故教训，做好以下几方面工作：

（1）强化设备检验和审核。在这起事故中，事故升降机的出厂编号与制造单位提供的产品合格证的出场编号不符。根据《建筑起重机械安全监督管理规定》，升降机的产权单位应向使用单位提交"5证1书"（制造许可证、产品合格证、制造监督检验证明、备案证明、自检合格证明和安装使用说明书）；升降机安装完毕后，安装单位应当按照安全技术标准及安装使用说明书的要求对建筑起重机械进行自检、调试和试运转。自检合格的，出具证明，并向使用单位进行安全使用说明；使用单位组织出租、安装、监理等有关单位进行验收,或者委托具有相应资质的检验检测机构进行验收。验收合格后方可投入使用,未经验收或者验收不合格的不得使用。施工升降机、塔式起重机每次进场拆立后,必须经技术试验,以确认结构及传动系统符合要求,并要对各项安全技术装置按要求进行试验,例如施工升降机的防坠落装置。

(2) 加强起重设备日常的监督管理。根据《建筑起重机械安全监督管理规定》等国家及行业有关规定,升降机的安全管理应严把设备备案、安装自检、检测验收、使用备案四关,按规定程序进行技术试验(包括坠落试验),加强日常的维护保养和安全检查,加强特种作业持证上岗及人员安全教育,保证设备设施运行安全。租赁单位或使用单位应定期对在用升降机及其安全保护装置进行检查、维护和保养,并做好记录。

(3) 加强施工现场对起重机械的审核与检查。施工、监理单位应严格审核升降机原始技术资料;审核安装单位、使用单位的资质证书、安全生产许可证和特种作业人员的操作资格证;审核安装、拆卸工程专项施工方案及事故应急救援预案;监督检查日常使用情况。

4.7 塔吊碰撞事故

一、事故简介

2010年11月13日下午13点30分,土建队使用750塔吊在核心筒八区进行钢筋吊装时,在750塔吊落钩的过程中,钢结构单位使用3200塔吊进行作业,造成3200塔吊平衡重与正在落钩的750

塔吊主吊钢丝绳发生碰撞，导致750所吊重物发生水平位移，造成平台上气瓶、临边防护倒斜！事故发生后项目管理人员及时到现场对事故情况进行核查分析。事故造成核心筒操作平台防护被吊物撞坏、土建队气瓶被撞飞导致仪表损坏，未造成人员伤亡。

二、原因分析

事故发生后项目部管理人员及时赶到现场，对事故情况进行了解，并于2010年11月13日15时15分，由刘经理组织事故分析会议，项目部各职能部门、重庆某单位、钢结构单位管理人员、塔吊司机、信号工参加。根据事故分析会的讨论结果，造成本次事故的原因如下：

（1）物的不安全状态：所吊吊物过长，为12m钢筋，落钩困难；两台塔吊相距较近。

（2）人员的不安全因素：土建队信号工在进行指挥塔吊的过程中，兼职司索工，没有对各塔吊的相关动作情况进行监控；3200塔吊司机在操作塔吊时，没有环顾四周工作情况，在没有确认回转是否安全的情况下，进行塔吊动作；钢结构单位在进行外筒作业时，核心筒内没有设置专职信号工进行塔吊监护。

（3）管理缺陷：各单位没有严格落实项目《安全管理制度》以及《塔吊安全管理制度》；各单位安全员对现场安全危险源辨识差，在现场从事非安全管理工作，只单纯地追求生产，忽略安全，安全管理意识薄弱；项目部机械管理人员对平时的机械管理不到位，工作不细不认真；各单位不积极配合项目安全管理。

三、事故教训

对本次事故进行分析后，一致认为应主要采取以下措施，避免类似事故的发生：

（1）现场两台塔吊立即停工整顿，对两台塔吊司机、信号工进行针对性安全交底，提高起重吊装安全意识。

（2）各单位在使用塔吊作业时，由各分包单位项目经理必须提前填写《塔吊使用申请单》，报项目部生产经理，经生产经理审批确认后，由项目机械管理员将《塔吊使用申请单》交给各塔吊司机，各单位必须严格执行该调度使用管理。

（3）各单位信号工必须按照"十不吊"原则、《塔吊安全管理制度》以及《信号工操作规程》进行指挥作业，不得兼职司索工等其他工种作业。

（4）无论任何情况，凡两台塔吊同时在进行作业时，钢结构单位、土建单位必须保证核心筒上有专职信号工对塔吊进行群塔监控，对有可能发生的群塔碰撞，有权对塔吊司机进行制止。

（5）各单位必须对各自信号工进行一次警示安全教育，在进行起重吊装作业时，必须设置有证件的司索工。

（6）各单位要有自己的看钩人员，并配备对讲机，对塔吊作业进行实时监控，发现安全隐患及时停止塔吊作业。

（7）各单位要严格控制塔吊对讲机使用情况，除信号工外，任何人不得占用塔吊使用频道。其中，钢结构塔吊使用频道为8频道（3200塔吊）、9频道（750塔吊），土建塔吊频道为6频道（750塔吊）、4频道（3200塔吊），如发现有其他管理人员占用塔吊频道进行工作协调，项目部一旦发现将按照《安全管理制度》给予处罚！

（8）现场所有塔吊司机必须服从信号工指挥，无论任何人发出紧急停止信号，必须立即停止塔吊，对现场情况进行确认，待无安全隐患时，方可继续进行塔吊作业。

（9）塔吊司机必须服从相关职能人员调动，如发现有不服从管理者，将按照《安全管理制度》给予处理。

（10）各分包负责人、安全员、班组长、信号工以及塔司要有预见性，对现场的施工环境可能出现的危险源进行识别，正确指

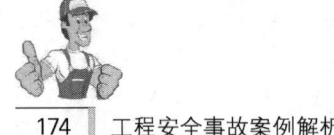

挥、指导工人作业，严禁盲目、违章指挥。当天作业内容及相关安全要求，必须在班前活动中出现。

（11）各单位必须落实项目部每周三机械安全管理例会制度。

4.8 浙江省上虞市"1·7"起重伤害事故

一、事故简介

2008年1月7日，浙江省上虞市金通华府工程施工现场发生一起施工升降机吊笼坠落事故，造成3人死亡，直接经济损失70万元。

该工程分为两期，于2006年1月开工，总建筑面积20.23万 m^2，合同造价约3亿元。发生事故的为2期4号楼，18层，主体结构基本完工。4号楼施工升降机为人货两用施工升降机（以下简称为升降机），2007年7月9日初次安装验收，安装高度为51m，绍兴市特种设备检测院进行了检测；8月4日和9月26日进行了二次升高，未经有关部门检测检验，事发时井架实际高度为70.5m。当日13时左右，2名施工人员搭乘升降机到14层进行地面清理。当升降机上升至9层时，吊笼突然整体下坠，坠落至地面。

根据事故调查和责任认定，对有关责任方作出以下处理：施工单位驻地主任、项目经理、项目总监理工程师等8名责任人分别受到吊销执业资格、罚款等行政处罚；施工、监理、劳务、设备制造等单位分别受到相应经济处罚。

二、原因分析

1. 直接原因

升降机在使用过程中由于曳引轮防钢丝绳脱槽措施失效，发生钢丝绳脱槽，造成主轴磨削，发生断裂，在升降机吊笼整体下坠过程中，防坠安全器未起作用，导致事故发生。

2. 间接原因

（1）施工升降机存在产品缺陷，滑轮、曳引轮未设置有效防止钢丝绳脱槽措施；防松绳开关选用自动复位开关，钢丝绳松脱时，防钢丝绳松、断绳装置未能有效动作；限速安全器动作时，带动偏心夹紧轮夹紧导轨的连杆因强度不足而破坏，使防坠动作失效；极限开关选用自动复位型；吊笼底部未设置缓冲装置。

（2）防坠安全器未进行有效封闭，内外粘有大量黄油和杂物。

（3）升降机二次升高后，未进行检测检验，未做防坠试验。

（4）施工现场对升降机的维护、保养不到位，未在设备运行前检查曳引轮、钢丝绳等关键部位。

三、事故教训

这起事故暴露出升降机制造单位未能严格执行国家的有关法律法规和国家标准、行业标准，设备的安全装置未正确选型，产品质量不合格，给施工现场安全使用埋下重大隐患；升降机在使用过程中没有及时维护、保养，二次升高后检验检测工作把关不严；施工、监理单位未对升降机安全状况进行有效管理。

这是一起由于施工升降机曳引轮防脱槽装置失效造成主轴削磨断裂引发的生产安全责任事故。事故的发生暴露出生产制造单位产品质量低劣、日常使用过程缺乏维护保养等问题。我们应认真吸取教训，做好以下几项工作：

（1）施工机械安全装置是机械安全的基本保证。在这起事故中，几道防护措施均失效导致了事故的发生。一是曳引轮防钢丝绳脱槽措施和防松、断绳装置失效，在使用中，钢丝绳从曳引轮上脱槽，进入齿轮箱与曳引轮之间间隙，使主轴被钢丝绳磨削而断裂，升降机吊笼整体下坠。二是在下坠过程中，两只限速安全器因关键零件强度不足断裂而失效。三是两只防坠安全器因内部沾有大量油污，吊笼处于非自由落体运动，防坠安全器未动作，造成两套防坠装置均未有效工作。四是井架底部未设置缓冲装置，结果造成人员死亡。施工单位应严格按照《建筑起重机械安全监督管理规定》，把好升降机安装、提升的验收和检测检验关，加强设备日常的维护和保养，加强班前自检，加强操作人员安全教育培训。监理单位应加强对升降机的日常管理，发现事故隐患或不安全的施工行为及时制止或上报，确保安全生产。

（2）确保产品质量是施工机械本质安全的保证。根据国家标准《施工升降机》、《施工升降机安全规程》规定，钢丝绳式施工升降机在设计制造中应确保以下设施、装置安全可靠：一是滑轮或曳引轮应有防止钢丝绳脱槽的措施；二是极限开关应选用非自动复位型的，吊笼行程超出限位开关后，极限开关须切断总电源使吊笼停车；三是防松绳开关应选用非自动复位型的，当两条钢丝绳其中一条出现相对伸长量超过允许值或断绳时，该开关切断控制电路，吊笼停车；四是防坠安全器应防止由于外界物体侵入或因气候条件影响而不能正常工作；五是人货两用升降机，其底架上应设置吊笼底部缓冲器。升降机制造单位应严格依照国家的有关法律、法规和国家标准、行业标准生产制造设备，把好产品质量关、监测检验关，确保设备的本质安全。

（3）做好施工机械进场检验至关重要。对于施工升降机这类容易发生群死群伤事故的机械设备，施工单位特别是总包单位一定要做好其进场检验工作。不仅要检查设备的相关资料是否齐备，还要监督设备产权单位对升降机按规定进行检测检验，并督促其加强设备的日常维护保养等。注意其主体结构、传动系统的可靠性，还必须经过试验验证其安全防护装置的灵敏度、可靠性。

4.9 黑龙江省哈尔滨市"7·14"物料提升机吊笼坠落事故

一、事故简介

2007年7月14日，黑龙江省哈尔滨市尚志大街综合楼工程施工现场，发生一起物料提升机吊笼坠落事故，造成3人死亡、3人重伤，直接经济损失270万元。

该工程为24层框架结构，建筑面积34000m^2，合同造价4151万元。7月14日9时左右，施工人员使用物料提升机从首层地面向10~12层作业面用手推车运送水泥砂浆，同时吊笼内乘坐6名施工人员。当吊笼运行至距地面约40m时，牵引钢丝绳突然从压紧装置中脱落，吊笼坠落至地面。

根据事故调查和责任认定，对有关责任方作出以下处理：项目经理、工长2人移交刑法机关依法追究刑事责任；施工单位经理、监理单位项目总监、建设单位现场代表等11名责任人分别受到吊销执业资格、罚款等行政处罚和记过、警告、辞退等行政处分；建设、监理、施工、劳务等单位分别受到责令停业整顿、罚款等行政处罚。

二、原因分析

1. 直接原因

物料提升机安装至现高度后,牵引钢丝绳末端的压紧固定不符合规定要求。压紧固定装置未按规定加装防松弹簧垫圈,同时未按要求安装钢丝绳夹,吊笼在运行中正常的振动使未加防松弹簧垫圈的压紧螺栓松动,压紧力不足,牵引钢丝绳脱落,导致吊笼坠落。

2. 间接原因

(1)总包单位在组织安装物料提升机作业中,违反国家有关规定,由工长组织不具备相应操作证、不懂专业技能的作业人员自行安装物料提升机,导致牵引钢丝绳末端压紧固定不符合要求;同时施工人员违章乘坐吊笼,为事故的发生埋下了隐患。

(2)安装单位未按照相关规定编制专项安装(拆除)方案。监理、总包单位未对安装人员的资格进行审查,致使不具备专业技能的人员随意作业。对现场作业人员违章乘坐吊笼未进行有效的管理。

三、事故教训

(1)这是一起典型的因违章指挥、违章作业而引发的较大事故。总包单位安全生产管理意识淡薄,现场管理混乱,存在严重违章指挥、违章作业现象。工长自行组织不具备专业技能的作业人员违章进行物料提升机安装作业。作业人员违章乘坐物料提升机吊笼。

(2)监理单位未尽到监理职责,对施工现场及安装作业中存在的一系列问题未能及时发现并督促整改。

这是一起物料提升机牵引钢丝绳末端紧固件松动造成钢丝绳脱

落而引发的生产安全责任事故。事故的发生暴露出施工单位擅自组织物料提升机安装作业，现场违章指挥、冒险蛮干等问题。我们应认真吸取教训，做好以下几方面工作：

（1）资格预审和过程管理是机械安全的基本保证。物料提升机属建筑起重机械，按照《龙门架及井架物料提升机安全技术规范》等国家有关规定，其安装单位必须具备相应的资质，施工人员必须具备专业技能并持证上岗。在安装作业前必须按规定编写专项安装方案，严格按程序进行审批。安装作业完毕，施工单位应组织监理、安装、使用单位共同验收，保证动力、传动及安全装置齐全有效，确保安全运转。

（2）加强安全培训教育是提高遵章守纪意识的有效途径。物料提升机在设计、制造、动力装置及安全装置等方面均不具备载人功能，在相关规范中有明确的规定，所以加强对施工现场的安全管理、教育作业人员遵章守纪、提高自我保护意识是杜绝违章作业的必要措施。总包单位应健全对建筑起重机械设备的管理制度，加强对现场作业人员的安全教育，加强对施工现场违章行为的查处力度。

（3）强化监理职能是提升质量安全管理的有力措施。监理单位应严格履行监理职责，特别要严格对危险性较大的专项施工方案的进行审核，同时在实施过程中对危险环节要采用旁站式。

4.10 重庆市万州区"6·21"塔吊倒塌事故

一、事故简介

2007年6月21日，位于重庆市万州工业园区在建的移民就业

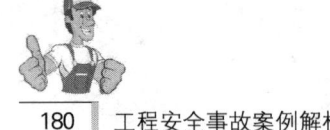

基地标准厂房 C 幢工程，发生了一起塔吊倒塌事故，造成 4 人死亡、2 人重伤。

该工程建筑面积 15806.59m²，工程造价 1426.9 万元。事故发生时处于基础施工阶段。发生倒塌的塔式起重机于 2007 年 5 月 19 日进场。6 月 3 日某私人劳务队受挂靠的设备租赁公司委托，与施工单位项目部签订了塔吊租赁合同，合同中有塔吊安装、拆除等内容。塔吊安装完毕后没有经有关部门验收和备案登记，就于 6 月 3 日投入使用。因该工地所使用的两台塔吊安装高度接近，运行中相互发生干扰。劳务队队长指派 4 人对塔吊进行顶升标准节作业。18 时许，将第 12 节标准节引进塔身就位后，在尚未固定的情况下，塔吊向右转动约为 135°时，塔吊套架以下部分向平衡臂方向翻转倾覆，致使塔帽、起重臂、平衡臂坠落至地面。

根据事故调查和责任认定，对有关责任方作出以下处理：设备租赁单位负责人移交司法机关依法追究法律责任；建设单位现场代表、项目经理、监理单位现场总监等 13 名责任人员分别受到撤职、吊销执业资格、罚款等行政处罚；施工、监理、设备租赁等单位分别受到罚款、暂扣安全生产许可证等行政处罚；责成该工业园区管委会向当地人民政府作出书面检查。

二、原因分析

1. 直接原因

该塔机顶升作业时，操作人员违反了"起重机顶升作业时，使回转机构制动，严禁塔机回转"的安装规定，在标准节引入塔身就位尚未固定的情况下，操作塔机回转，造成塔机倒塌。

2. 间接原因

（1）设备租赁公司无塔吊安装资质，违法组织施工人员进行

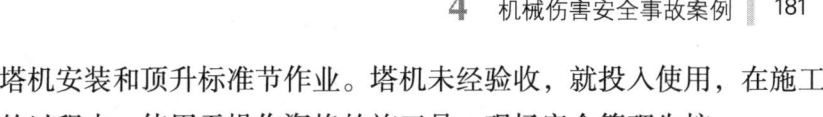

塔机安装和顶升标准节作业。塔机未经验收，就投入使用，在施工的过程中，使用无操作资格的施工员，现场安全管理失控。

（2）施工总包单位未认真执行塔机安装使用的相关规定，造成非法安装塔吊且未经验收就投入使用；塔吊顶升操作人员未经培训，不具备上岗资格；在顶升作业的下方安排施工人员作业，形成立体交叉作业，加重了事故伤害程度。

（3）监理单位未认真履行安全监理职责。该工程总监、现场监理未履行核查塔吊安装验收手续职责，不采取措施制止塔机非法安装和使用。

（4）建设单位未认真履行安全管理职责，未制止该塔吊非法安装和使用。

三、事故教训

（1）安装、顶升、拆除塔吊必须由取得相应资质的单位完成，操作人员必须具备执业操作证书，熟练掌握安全操作技能。

（2）使用单位应认真执行塔吊安装使用相关规定，塔吊安装后必须组织有关部门进行验收合格方可投入使用。

（3）监理单位应认真履行安全监理职责。核查塔吊安装验收手续，确保安全。

这是一起典型的由于无资质、超范围违法施工引发的生产安全责任事故，事故的发生暴露出该工程施工单位机械设备管理失控，违规组织塔式起重机安装作业且未经验收就投入使用、安全管理缺失等问题。我们应认真吸取教训，做好以下几方面工作：

（1）严格把守准入关。安装单位必须取得相应资质，在资质范围内从事塔吊安装、顶升、拆除作业。操作人员必须考取操作证书，熟练掌握基本安全操作技能。

（2）加强过程监管。塔吊顶升属危险性较大的分部分项工程作业，按照相关规定，应设置危险作业区域并指派专人看护，无关

人员不得入内,更不得交叉作业。塔吊在拆装顶升过程中必须严格遵守如下几点:一是起重力矩和抵抗力矩必须平衡,二是顶升作业时不得同时进行吊物作业,三是严禁转向回转。

(3) 严格设备验收制度。使用单位应遵守相关规定,在塔吊安装后必须组织有关部门进行验收合格方可投入使用。

(4) 健全完善监理工作的检查监督体系。监理单位应认真履行安全监理职责,核查塔吊安装验收手续,确保安全。在这起事故中,监理单位未认真履行安全监理职责,未采取任何措施制止塔吊非法安装,未核查塔吊安装验收手续,也未制止其使用。

4.11 黑龙江省双鸭山市"4·12"塔吊倒塌事故

一、事故简介

2007年4月12日,黑龙江省双鸭山市兴盛家园工程施工现场发生一起塔式起重机倒塌事故,造成3人死亡、2人重伤,直接经济损失134万元。

该工程为4栋高层建筑,总建筑面积5.68万 m^2。发生事故的1号楼位于该工程项目南侧,事故发生时,该楼已施工至5层平台。当日10时左右,塔吊正在吊运试块用混凝土,料斗及混凝土总荷载严重超重。塔身第1标准节西南角主弦杆突然断裂,塔吊上部倒下,部分塔身、司机室及配重砸到该楼5层平台上,3名正在进行楼板混凝土浇筑的施工人员被压在机身下,1人被倒下的塔身刮伤,塔吊司机受重伤。

根据事故调查和责任认定,对有关责任方作出以下处理:塔吊制造单位售后负责人移交司法机关依法追究刑事责任；项目经理、塔吊司机、总监理工程师等20名责任人分别受到吊销执业资格且5年内不予注册、开除、暂扣监理资格证书等行政处罚；总包、监理、塔吊制造等有关责任单位分别受到相应经济处罚。

二、原因分析

1. 直接原因

塔吊安全保护装置起重力矩限位器、起升电机热敏开关被人为短接失效，使塔吊司机无法掌握所吊荷载大小而盲目操作，数次或多次超载工作，致使塔身主肢由于超拉应力工作，引起初始裂纹继而随着吊载次数累加，裂纹扩展，导致突然断裂引起倒塔。另外断裂处焊缝中存在焊接缺陷，对裂纹的形成和扩展起促进作用。

2. 间接原因

（1）该型号塔吊在标准节设计中，制造厂家在主弦杆角钢内侧与螺栓套管内焊缝相应部位加了一尺寸较小的角钢，使螺栓套管内焊缝焊趾处应力集中变得严重，加速了纵裂纹形成。

（2）该型号塔吊变幅机构最大变幅速度达到44米/分钟，未设置强迫换速装置，在小车向外运行、起重力矩达到额定值的80%时，无法自动转换为低速运行，增大了动载荷，违反了《塔式起重机安全规程》有关规定。

（3）特种设备制造监督检验检测机构在接到制造厂家批量检验申请后，对该台设备未进行检验检测就颁发了《起重机械安全技术监督检验合格证书》。该台设备制造装机后，检验检测机构进行了补检，但未对配电部分、安全装置进行检测，也未发现该产品标准节焊缝中存在的焊接缺陷。造成了存在严重安全隐患的产品进入市场。

(4)安装单位在安装过程中,未在厂家技术人员指导下进行调试,未进行安装结束后的自检验收工作,即将设备交付施工单位。

(5)使用单位在塔式起重机操作前,未按《塔式起重机操作使用规程》中有关规定进行检查,违章操作,长期使用不具备安全生产条件的设备。特种设备维修工未经建设行政部门考核合格,未取得特种作业人员资格证书从事维修保养工作,日常安全检查不到位。

(6)特种设备验收检验检测机构在进行验收检验检测过程中,检验人员工作失职,检验项目中"9.3力矩限位器、9.5强迫换速、9.7回转限制器"结论失实,所验收设备不具备使用条件。

(7)制造厂家质量保证体系中技术负责人的职称为助理工程师,不符合国家关于《机电类特种设备制造许可规则》中第二章第八条"技术负责人应掌握与取证产品相关的法律、法规、规章、安全技术规程和标准,具有国家承认的电气或机械专业工程师以上技术职称"的规定,该质量保证体系对产品制造无法提供质量保证。

(8)安全监理工程师监理过程中未严格依法实施监理,对施工单位违反《塔式起重机操作使用规程》作业现象监督不到位,未能及时发现该工地存在的安全事故隐患。

三、事故教训

(1)制造企业片面追求利益最大化,管理松散,安全责任不落实。任用不具备资格的人员作为主要技术负责人,无法保证设计、制造、质量符合要求。售后服务不认真,未能认真履行合同,没有制约措施,反馈不及时,责任制不落实,安全管理上存在漏洞。

(2)检验检测机构不认真执行检验、审核、审批程序,不认

真履行职责,把关不严,不按照《起重机械监督检验规程》操作,导致不合格产品流入市场。

(3)特种设备的安装过程管理不善,未按《建设工程安全生产管理条例》的要求进行自检验收,将安装不合格的设备交付施工单位。

(4)施工单位安全主体责任不落实,未真正树立安全第一的思想,未摆正经济效益与安全生产的关系,未建立特种设备使用、管理制度,未及时发现事故隐患,违章作业现象得不到有效制止,存在违章指挥现象,长期使用不具备安全条件的设备。

这是一起由于塔式起重机力矩限位器等安全装置失效,同时又超载作业造成主弦杆断裂而引发的生产安全责任事故。事故的发生暴露出塔吊生产制造企业、检验检测机构、拆装及使用单位等有关单位管理缺失等问题。我们应认真吸取教训,做好以下几方面工作:

(1)这起事故是多环节、多部门违规,在重要的安全节点上全面缺失控制造成的。反映出工程建设各个环节的管理人员、操作人员、执法人员专业知识欠缺,安全意识淡薄,管理形同虚设。有关单位要以此为戒,注重安全生产和职业技能培训教育,提升从业人员专业素质。

(2)出厂时要进行特种设备制造检验。如这一点把住了,不合格的产品就到不了工地。这起事故的发生是必然的,因为在生产制造、出厂检验、现场安装、安装后的自检、投入使用前的验收、使用单位的日常自检、监理单位的安全检查、操作人员的操作等诸多环节,没有一个环节是按照技术标准和管理规定进行的,是典型的多环节违规。相关单位及人员要加强生产过程监管,以确保机械本质安全。

(3)强化设备检验,有效防范事故。我们只要在检验过程中把握住关键点,这起事故是完全可以避免的。一是出厂时特种设备制造检验。二是安装过程的自检和特种设备安装后的验收检验,如

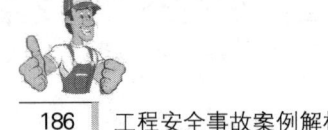

这一关把住了,即使是不合格的产品流入了工地,也能够及时发现,使其不能投入使用。三是司机对设备不按照安全使用管理规定进行日常的安全检查,只用不管,盲目使用根本就不合格的起重设备。

4.12 浙江省杭州市"2·2"升降机吊笼坠落事故

一、事故简介

2007年2月2日,浙江省杭州市下城区某拆迁安置工程施工现场,发生一起施工升降机吊笼坠落事故,造成4人死亡,直接经济损失90余万元。

该工程为6幢21层的高层建筑,总建筑面积为58122m^2,合同造价6337.9万元。事故发生时,6幢高层楼建设工程已完工,并于2007年1月30日下午开始拆卸6幢楼的升降机。2月2日9时许,劳务单位6名施工人员开始拆卸3号楼升降机。根据分工,4人乘载吊笼到井架顶端拆卸吊笼上4根钢丝绳中的3根,留住1根钢丝绳吊住吊笼,地面人员将拆下来的钢丝绳盘绕在卷扬机的小卷筒上。11时许,当钢丝绳拆完后,顶部的4名施工人员进入吊笼,当吊笼往下降了7m左右时,溢出在小卷筒上的钢丝绳缠绕到曳引轮和减速器的夹缝中被卡住,吊笼的重力致使钢丝绳被拉断,并迅速从60多米坠落至地面。

根据事故调查和责任认定,对有关责任方作出以下处理:劳务单位项目负责人、架子工班长、劳务单位项目安全员等4人移交司法机关依法追究刑事责任;总包项目经理、监理单位项目总监、劳务单位负责人等6名责任人分别受到吊销、暂停执业资格、罚款等行政处罚;总包、监理、劳务等单位分别受到停业整顿、暂扣安全生产许可证、罚款等相应行政处罚。

二、原因分析

1. 直接原因

地面人员将拆下来的钢丝绳盘绕在卷扬机的小卷筒上。吊笼下降时,钢丝绳溢出小卷筒缠绕到曳引轮和减速器的夹缝中被卡住,吊笼的重力将钢丝绳拉断,吊笼坠落至地面。

2. 间接原因

(1) 架子工班长无视安全生产,组织无升降机拆卸资格的人员拆卸升降机。特别是在2号楼的升降机拆卸后,现场作业人员提出此类井架拆卸太危险,不愿再拆。当他们离开后,该班长再次临时招募无拆卸资格的人员,冒险组织拆卸3号楼升降机。

(2) 劳务分包单位安全生产意识淡薄。劳务用工不规范,尤其在工程收尾阶段,施工现场管理混乱,安全防护措施不落实。升降机拆卸未严格履行报审手续,并将升降机拆卸交付给无升降机拆卸资格的架子工进行,导致事故发生。

(3) 升降机防坠器缺少日常维护。防坠器护罩未能有效阻挡尘土来侵,以致吊笼下坠时,防坠器未能动作,未起到有效的防坠作用。

(4) 施工单位没有认真履行总包单位安全生产管理职责。对分包的各项业务以包代管。在工程收尾阶段,对施工现场违章行为未及时制止,现场安全管理工作不落实。

(5) 监理单位未认真履行安全生产管理的职责。虽未接到关于要求拆卸升降机的报审报告,但现场监理人员在工地巡视中发现

升降机正在拆卸，对应报审而未报审的拆卸行为，没有采取有效措施予以制止。

（6）当地地区改造建设指挥部对辖区内建设项目扫尾阶段放松了安全监管，对施工现场存在的安全隐患，检查督办不力。

三、事故教训

（1）施工单位应认真履行总包单位安全生产管理职责。督促分包单位落实各级安全生产责任制和各项专业技术措施，避免以包代管现象。

（2）劳务分包单位应增强安全生产意识。强化规范劳务用工管理，严禁无拆卸资格的人员违章操作，严格履行报审手续，落实安全防护措施。

（3）监理单位应认真履行监理安全生产管理职责。在工地巡视中发现应报审而未报审的施工行为，必须采取有效措施予以制止。

（4）产权（租赁）单位应严格执行设备检查制度，强化关键部位的日常维护保养，保证安全部件灵敏可靠有效。

这是一起由于升降机钢丝绳溢出卷筒，缠绕曳引轮和减速器夹缝发生卡绳，并最终造成断绳而引发的生产安全责任事故。事故的发生暴露出该工程安全管理失控、违章组织升降机拆除等问题。我们应认真吸取教训，做好以下几方面工作：

（1）要从法规上进一步明确建设单位主体责任。建设单位应对辖区内建设项目实施全过程安全管理，对存在的安全隐患，立即督办责任单位制定有针对性措施及时整改。这起事故，由劳务公司架子班长组织升降机拆卸严重违反了相关法律法规的规定，《中华人民共和国建筑法》第十三条规定："从事建筑活动的施工企业，经资质审查合格，取得相应等级的资质证书后，方可在其资质等级许可范围内从事建筑活动。"他们不是专业队伍，更不懂组装工艺,作业前也设有进行安全技术交底。

(2) 监理单位应认真履行监理安全生产管理职责。发现施工中有违反安全生产的行为,必须责成责任单位采取有效措施予以处理。

(3) 切实加强施工单位机械专业管理。现场设备缺少专职安全生产管理人员的日常检查维护,保养不到位,未按规定进行试验,未能及时发现隐患,防坠器失效的问题未能及时整改。总包单位应认真履行总包单位安全生产管理职责。督促分包单位落实各级安全生产责任制和各项专业技术措施,加强日常协调管理,避免以包代管现象。

(4) 进一步完善劳务企业的安全生产主体责任。劳务分包单位应增强安全生产意识,提升企业管理水平。建立健全各项规章制度,严格履行报审手续。强化规范劳务用工管理,严禁人员违章操作,落实安全防护措施。

4.13 黑龙江省牡丹江市 "9·10" 起重伤害事故

一、事故简介

2006年9月10日,黑龙江省牡丹江市粮油贸易综合楼工程施工现场发生一起施工升降机吊笼坠落事故,造成7人死亡、1人重伤,直接经济损失181万元。

该工程为框架结构,共27层(含地下1层),建筑面积7.64万 m²,于2005年4月开工。事发时主体结构已完工,处于外墙体装修阶段。当日中午施工人员在午饭后进入施工现场,准备进行工

程外墙体装修。12时左右,8名施工人员违章乘坐货用升降机上楼,当提升到13~14层之间时,升降机钢丝绳突然断裂,致使吊笼坠落。

根据事故调查和责任认定,对有关责任方作出以下处理:项目经理、安全员(无证)、升降机司机(无证)等4名责任人移交司法机关依法追究刑事责任;施工单位负责人、技术负责人、现场安全监理员等13名责任人受到罚款、吊销执业资格、记过等行政处罚;施工、监理等单位受到相应经济处罚。

二、原因分析

1. 直接原因

由于工作环境恶劣,施工升降机底部导向定滑轮损坏,导致钢丝绳断裂,安全装置未发挥有效制动作用,致使吊笼坠落;同时,施工人员违反货用升降机严禁载人的管理规定,违章搭乘升降机上楼。

2. 间接原因

(1)施工单位严重违反安全生产法律法规和建设工程强制性标准,违反货用升降机严禁载人的安全技术管理规定,在安全生产许可证被暂扣并被下达停工整改通知书的情况下,无视法律,不服监管,违法复工;特种作业人员无证上岗作业,违反规章制度和操作规程。

(2)监理单位没有认真履行监理职责,未能按照法律法规和建设工程强制性标准实施监理,对重大事故隐患监督整改不力,对施工单位违法复工等违法违规行为制止不力,没有向政府有关部门报告。

(3)政府有关主管部门对在建工程存在的重大事故隐患重视

不够、监督整改不力、安全执法失效。

三、事故教训

这起事故暴露出施工单位安全意识淡薄，安全法制观念不强，施工现场管理混乱，以包代管，未履行管理职责，缺乏对从业人员的安全教育培训，特别是对特种作业人员持证上岗把关不严；监理单位没有有效核实施工现场关键岗位人员的安全生产资格证书，对现场存在的隐患和违法行为未及时履行报告职责。

这是一起由于物料提升机导向滑轮损坏造成钢丝绳断裂，加上施工人员违规乘坐而引发的生产安全责任事故。事故的发生暴露出该工程机械管理失控，物料提升机使用、维修和保养存在严重缺陷、安全教育不到位、施工人员安全意识淡薄等问题。我们应认真吸取教训，做好以下几方面工作：

（1）严把设备使用关。物料提升机是专门运送物料的沿导轨升降的垂直运输机械。当时，由于产品种类繁多，制造不规范，常常发生吊盘倾覆、吊笼坠落等事故。高层建筑施工应按有关规定安装人货两用施工升降机，坚决杜绝施工人员违章搭载货用升降机。施工单位应严格按照《中华人民共和国安全生产法》、《建设工程安全生产管理条例》等法律法规要求，建立健全安全生产管理制度，加强施工现场安全管理，落实安全生产责任主体。同时，根据《特种设备安全监察条例》和《龙门架及井架物料提升机安全技术规范》等国家有关法律、法规的规定，加强施工现场特种设备安全管理，做好定期检测和经常性的维修、维护和保养，强化建筑施工起重设备安装后和使用前的验收，加强日常安全检查。根据相关规定，加强对现场安全员、特种作业人员持证上岗的管理。

（2）严把设备检验关。施工现场物料提升机的使用和管理应严把设备备案关、安装验收关及施工前、使用中的安全检查关，对断绳保护装置等安全防护装置进行定期检测。监理单位应认真履行

安全生产监督职责，加强对施工现场的监督检查，确保安全生产责任制和各项安全措施的落实。对监理过程中发现的事故隐患，应当立即要求施工单位进行整改，对未按要求整改或拒不整改的，监理单位应及时向建设单位或有关部门报告。

（3）严把安全教育关。加强对施工人员的安全生产培训教育，提高他们的安全生产意识和自我保护能力，自觉抵制违章指挥、违规操作和违反劳动纪律的行为。

（4）严把市场准入关。各级建筑安全监督管理部门应履行监督管理职责，严把建筑市场安全准入关，加强对安全生产许可证的动态监控，强化日常监督检查，严禁无安全生产许可证的施工企业从事建筑施工活动。

4.14
河北省石家庄市"8·19"塔吊倒塌事故

一、事故简介

2006年8月19日，河北省石家庄市幼儿师范专科学校新校区学生宿舍楼工程施工现场在拆除塔吊过程中，发生了一起塔吊坍塌事故，造成3人死亡、1人轻伤，直接经济损失约45万元。

该工程为砖混结构，建筑面积8072m^2，合同造价450万元，建筑高度21.5m。施工中使用1台QTZ-60型自升式塔吊。17日，项目经理在明知某私人拆装队没有相关资质的情况下，与其联系拆卸事宜，并于18日签订了"塔吊拆除协议书"，由拆装队提供了1份拆卸方案并开始作业。至18日下午，拆装队相继拆卸塔吊上部的第8、第9标准节。19日上午8时继续拆塔，4人爬上25.5m的塔吊，1人在驾驶室操作，1人在引进平台的西北侧，1人在引进平台的东南侧，另1人操作油泵，将起重臂回转至标准节引进方向，塔吊顶升油缸活塞杆伸出将塔吊下部顶起，第7节标准节移出放至引进平台后，发生塔吊重心失稳，自根部向东整体倒塌。

根据事故调查和责任认定，对有关责任方作出以下处理：项目经理、技术负责人、监理单位项目总监等13名责任人分别受到罚款、吊销执业资格、记过、警告等行政处罚；施工、监理单位分别受到暂扣安全生产许可证、降低资质等级、罚款等相应行政处罚。

二、原因分析

1. 直接原因

塔吊拆卸人员未按照塔吊说明书中所规定的拆卸程序进行作业，在回缩油缸瞬间，仅靠一侧的爬爪难以承受塔吊二部近28.9t的重量，致使该侧爬爪受力变形，同时造成顶升油缸一侧挂板断裂落地，顶升套架急速下滑，另一侧的爬爪受阻断裂落地。破坏了塔吊在下落过程中的两侧的杠杆平衡，使塔吊系统重心偏移失衡，平衡配重及平衡大臂力矩发生改变，平衡配重力矩大大减少，上部巨大的冲击力、扭曲力矩造成塔吊基础节主弦杆、底梁发生扭曲变形，致使基础横梁连接螺栓拉断，基础节连接底板拉弯后撕裂，最终塔吊整体倾覆。

2. 间接原因

（1）施工单位项目经理违反有关条例和规程，私自将拆塔工作承包给无塔吊拆装资质的个人安装队。安装队未采取可靠的安全技术措施，违章指挥，冒险作业是此次事故的主要原因。

（2）现场的监督检查和安全监理不到位，施工单位没有根据现场的环境和条件、塔吊状况，制定拆卸方案，也没有企业技术负

责人审批手续。监理单位现场监理人员既未对拆装队伍资质进行审查，也未对拆除作业技术方案进行审批，同时也没有对施工现场拆塔工作中的违章行为加以制止，最终导致了事故的发生。

三、事故教训

这是一起典型的违反安全法规、规范、标准的安全生产责任事故。项目经理将拆塔工作交给无资质的个人安装队，总包单位、监理单位对拆塔方案没有实施审批制度，拆塔作业过程中也没有进行现场管理。个人安装队不具备拆塔作业能力，违反操作规程，冒险蛮干。

这是一起由使用无资质施工队伍违章拆除塔式起重机导致塔身重力失衡倾覆的生产安全责任事故。事故的发生暴露出该工程管理失控，安全生产监督管理严重缺失等问题。我们应认真吸取教训，做好以下几方面工作：

（1）遵章守纪、依法施工。在这起事故中违法、违章的现象十分明显，施工单位将拆塔作业交给没有塔吊安装资质的队伍进行，严重违反了《中华人民共和国建筑法》、《建设工程安全生产管理条例》及其他相关法律、法规的规定。建设工程必须严格控制依法组织施工生产，加强安全生产培训教育，提高生产指挥人员和施工人员的遵纪守法的意识。

（2）严格监管、杜绝违章。塔式起重机的安装拆卸既是危险作业，也是一项专业技术要求很高的工作，必须按照《建设工程安全生产管理条例》的要求，由具备相应资质、专业技术能力和经验的队伍完成。各种塔式起重机的构造形式、安装方法和要求均有所不同，在安装和拆除前，必须认真研究图纸和说明书，制定有针对性的拆卸方案，并经施工单位的技术负责人和总监进行审批，对所有拆塔人员进行培训和交底；在实施过程中要严格按照工作程序，统一指挥，各司其职，每一道工序完成后要进行检查，确认无误方可进行下一道工序,只有这样才能保证安全。

(3) 在这起事故中,总包、监理单位管理缺失,没有对拆塔作业方案进行认真的审批,在拆塔作业过程中也没有进行全过程的监控,从而导致了事故的发生。

4.15
陕西省西安市"5·2"起重伤害事故

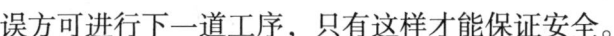

一、事故简介

2006年5月2日,陕西省西安市蔚蓝印象城市花园二期工程施工现场,施工人员在拆除施工电梯时,梯笼突然从12楼坠落至地面,造成4人死亡。

该住宅楼为剪力墙结构,地下1层、地上22层,建筑面积42000m^2,在施工过程中使用型号为SCD200/200A施工升降机。

2006年4月中旬,工程施工已基本结束,施工单位通知电梯提供单位尽快组织拆除施工电梯。21日,拆除了电梯钢丝绳和配重,22日将施工电梯拆至19层。此时,由于双方对租赁费的支付产生了分歧,23日起暂停了拆除作业。由于建设单位催促进度,施工单位负责人在未认真审查该项目部某私人架子队相关资质和技术能力的情况下,于29日将该施工电梯拆除任务承包给该架子队组织实施。在机修工和操作工人的配合下,当日架子队将施工电梯拆除至17层。架子队30日将施工电梯拆除到15层时,东侧电梯梯笼出现运行故障,拆除作业暂时停止。5月1日,在反复检测查找后,现场人员更换了损坏的电器配件(二极管)排除了电梯故障。2日,架子队继续进行施工电梯拆除作业。当日16时左右,

施工电梯拆至12楼时，电梯司机发现电梯西侧梯笼防坠装置又出现卡阻故障。随即机械工长、施工人员、机械工人等4人再次对该电梯进行检修。17时许，4名正在进行检修的施工人员打开防坠装置端盖，拆除了调整螺母。随后开动梯笼上升，欲使限速器复位，但梯笼在上升过程中滑轮脱离标准节轨道，致使传动机构向西倾斜。随即梯笼在重力作用下急速坠落。

根据事故调查和责任认定，对有关责任方作出以下处理：项目负责人移交司法机关依法追究刑事责任；施工单位经理、项目经理、监理单位项目总监等13名责任人分别受到罚款、吊销执业资格、撤职等行政处罚；施工、监理、塔吊制造等单位分别受到暂扣安全生产许可证、停止在当地投标活动半年、罚款等相应行政处罚。

二、原因分析

1. 直接原因

在排除故障时，梯笼内作业人员卸下了限速器的端盖及调整螺母，欲使限速器复位，但未成功。在限速器端盖打开、调整螺母被拆除的状态下，施工人员开动梯笼上升，再次欲使限速器复位，梯笼上部传动机构离标准节顶端仅有约1m距离，致使传动机构在上升过程中滑轮脱离标准节轨道，传动机构向西倾斜，此时驱动装置无法继续控制梯笼动作。随即，梯笼在重力作用下开始下降，而由于调整螺母被拆除，使限速器不能正常工作，致使梯笼快速坠落。

2. 间接原因

（1）总包单位严重违反国家有关规定，将施工难度大、危险程度高的施工电梯拆除工作交给不具备相应资质和技术能力的架子班负责人组织实施，并且未能及时发现并制止作业人员的违章冒险作业行为。

（2）监理单位对于拆除施工电梯这样的危险作业，未审核拆除单位的从业资格和拆除方案，在拆除过程中也没有做到旁站式监理和监督，因此不能及时发现并制止作业人员违章冒险作业行为。

（3）施工使用的电梯存在一定的技术缺陷。制造单位在该部施工电梯使用说明书中对有关安全装置——限速器的使用说明描述不完整，特别是对限速器的安全注意事项强调不够。发现施工单位在该机报停后擅自使用和拆除的现象时，未能及时告知该机无防冒顶装置这一隐患。

三、事故教训

（1）施工单位现场负责人，在出租方未能按时拆除升降机的情况下，片面强调施工进度，将拆除任务交给不具备相应资质和技术能力的私人架子队；在出租方已经对擅自拆除行为发出停工通知后，仍安排人员进行拆除作业，也未能及时发现并制止拆除过程中的冒险违章行为。

（2）架子队组织不具备相应资质和技术能力的人员进行施工电梯拆除作业，在拆除作业中严重违反有关规定，违章拆除了升降机防坠装置的调整螺母，致使安全装置失效。

（3）总包、监理单位对现场的监督检查不到位，对拆除单位的资质、拆除人员的资格、拆除方案的审查、现场拆除作业的安全性都没有进行有效的监督。

这是一起由于擅自组织施工电梯拆除作业导致其传动机构脱轨失控而引发的生产安全责任事故。事故的发生暴露出该工程项目负责人违反国家规定、擅自组织施工人员冒险作业等一系列问题。我们应认真吸取教训，做好以下几方面工作：

（1）加强拆装队伍资格预审。施工电梯属于定型设备，为了防止安装拆除过程中发生事故，按照《建设工程安全生产管理条例》中的相关规定，在拆装大型或专业技术要求较高的施工设备

时，必须选择具备相应资质、受过专业培训并完成考核，具备相应技术水平的施工队伍和专业人员。

（2）加强拆装方案的编制与审核。拆装单位在施工设备的安装拆除开始之前，必须编制切实可行的方案，方案中应包括拆装工艺、顺序、方法、人员、分工职责、信号指挥、信号传递等等。此方案必须经总包技术负责人及监理单位总监进行审批，并在作业前进行安全技术交底。

（3）加强拆装过程的监督与管理。为保证安全运行，施工升降机专门设计了安全装置，包括限速器、上下限位、安全钩、门连锁等。这些安全装置是不允许随意拆除的，如有问题需及时修复。在没有修复前升降机是不能运行的。因此，在拆装过程中，拆装、总包、监理单位的有关人员必须在现场实施全过程的监督，以便发现隐患时及时消除。

4.16 浙江省湖州市"3·22"塔吊伤害事故

一、事故简介

2006年3月22日，浙江省湖州市涌金苑商住楼工程施工现场，在塔吊拆卸过程中发生一起爬升架坠落事故，造成3人死亡、1人重伤，直接经济损失60万元。

该商住楼为框剪结构，地下1层，地上5~7层，建筑面积19027m²，合同造价1400万元。事故发生时，工程主体已通过结构验收，进入装饰装修阶段。

2005年5月8日，杭州某建筑机械安装有限公司（无塔吊安装拆卸资质,以下简称机械安装公司)借用杭州某建筑施工有限公司(起重设备安装工程专业承包三级,以下简称建筑公司)的名义,与该项目的施工单位签订2台塔吊租赁合同。2006年3月21日,机械安装公司与私人劳务队(无资质)签订塔吊安拆协议,将塔吊的拆卸作业转包。

22日7时左右,施工人员(不具备相应资格)开始对塔吊进行拆卸作业。至当日15时左右,已完成塔机起重臂、平衡臂、司机室和塔顶的拆卸作业。在准备拆卸塔吊回转机构时,由于施工人员已拆除回转机构与爬升架的4根销轴联接,致使爬升架失去支撑而沿着塔身滑落。从31m高的塔身顶部下滑约15m,其间,由于爬升架顶升油缸穿入塔身的标准节内,致使爬升架制停。造成在爬升架操作平台中作业的4名拆卸人员在其滑落过程中被甩出。

根据事故调查和责任认定,对有关责任方作出以下处理:塔吊拆卸作业承包人、塔吊出租公司负责人和业务员3名责任人移交司法机关依法追究刑事责任;施工单位项目经理、技术负责人、总监理工程师等10名责任人分别受到相应经济处罚和政纪处分;施工、监理、塔吊拆卸等单位受到相应经济处罚;责成有关责任部门领导向当地政府作出书面检查。

二、原因分析

1. 直接原因

施工人员盲目施工和冒险操作,在没有塔吊拆卸专项方案的情况下,采用错误的步骤拆卸塔吊的回转机构;在未检查并确认顶升横梁挂板是否挂住塔身踏步、爬爪是否处于正确位置以及爬升架有无可靠安全支撑前,拆除回转机构与爬升架的联接销轴,致使爬升架失去支承箍沿塔身滑落。

2. 间接原因

（1）施工人员缺乏安全常识，未使用安全带，违章作业，自我保护意识差。

（2）塔吊出租单位无资质承揽塔机安装、拆卸业务，并违法转包给无施工资质的个人组织并实施作业。未编制专项施工方案，对施工现场也未采取措施进行有效的安全生产管理。

（3）施工单位违法将塔吊安装、拆卸业务分包给无资质、无安全许可证的企业，同时未能在实施过程中切实履行总承包方的安全生产职责。没有督促工程项目部落实安全管理责任，并进行有效的管理，造成塔吊拆卸过程安全管理工作失控。项目部管理人员对塔吊拆卸的安全作业管理不力，未能制止违章、违规行为。

（4）建筑公司违法出借资质，并为机械安装公司在塔吊安装、拆卸作业中提供技术服务，在塔吊的安装、使用和拆卸中出具报审备案证明，但未对其作业进行安全管理。

（5）监理单位未严格执行《建设工程监理规范》，对施工安全监督失职。未对机械安装公司的施工资质、专项施工方案以及安装、拆卸、使用施工机械的违章、违规行为和作业人员有无作业资格采取有效的监督措施，并予以制止。

三、事故教训

（1）塔吊的安装与拆卸是事故的多发环节，一旦发生生产安全事故，多会造成群死群伤。并且，塔式起重机的品种、型式多样，爬升机构多样，安装拆卸程序不同，每一种型式有其不同的安装与拆卸方法与步骤，每一个步骤都必须严格按程序进行操作、检查、确认，然后进入下一个步骤，因此安装拆卸方案是不可或缺的操作指导性文件。

（2）安装队伍必须有相应的资质和专业技术能力，操作人员

必须经过专业培训持证上岗,掌握安装机型的特点,按程序操作,此次事故的教训主要是:一是无施工方案,凭经验操作并操作错误,发生错误时,无检查和纠正,盲目进行下一步操作。二是安装队伍无资质,操作人员无作业资格,冒险蛮干。三是拆卸过程无有效管理,安全管理失控。

这是一起由于违章组织塔吊拆卸且作业顺序存在严重错误造成塔机爬升架滑落而引发的生产安全责任事故。事故的发生暴露出塔吊出租单位违法转包拆装工程,施工、监理单位现场管理缺失等问题。我们应认真吸取教训,做好以下几方面工作:

(1)要有效防止安全管理缺失。这起事故是典型的队伍无资质、施工人员无操作资格、施工无方案、过程无管理的"四无"案件。多年来此类事故屡禁不止,反映出现场安全管理人员、操作人员安全意识淡薄,专业知识缺乏,培训严重缺失,安全管理体系漏洞甚多。

(2)要建立完整的可操作性强的塔吊安全管理程序。施工单位必须明确安全管理的重点内容:一是拆装队伍的选择原则,重点审核队伍有无资质,人员是否有能力;二是针对装拆塔机的特点,制定完整的施工方案,明确操作步骤及操作人;三是确定安全检查负责人,对每一个工序完成后的状态进行检查和确认,然后再进入下一程序。方案应有针对性,要在消化和理解安装对象的安装说明书前提下制定。条款一定是针对装拆对象,不可泛泛而谈,对于特殊机型,方案必须经过专家论证。

(3)要严格贯彻执行相关法规。预防此类事故,管理是关键,制度是保障,从塔机技术标准上解决才是最根本的途径。在新版的《塔式起重机安全规程》和《塔式起重机》两个国家标准中,已对类似此案例中由于误操作而引起事故的技术问题,进行了明确规定,在产品构造和机构上进行了规定,以保证此类问题不再发生。

4.17
云南省文山州"3·17"塔吊倒塌事故

一、事故简介

2006年3月17日，云南省文山州砚山县的新兴水泥公司建设工程施工现场在塔吊顶升作业的过程中，发生一起塔吊倒塌事故，造成6人死亡，直接经济损失160万元。

该工程为新型干法水泥熟料生产线技改项目，总投资26353万元。工程施工中使用和引发事故的塔机其出租单位是云南某机械设备公司，安装单位是昆明某建设工程公司。

当日早上，负责塔吊顶升工作的机长带领7名施工人员，进行顶升作业。安装完第1个标准节后，操作人员先将第3个标准节吊到预定的高度位置，准备将第2个标准节推到安装位置。这时候，塔吊的平衡臂、配重、起重臂、塔冒（套架）、驾驶室等主体部分，从第14节（28m）的高度倾倒坠落。塔吊后倾翻转180°落到地上，顶升作业的6人随之一起坠落。

根据事故调查和责任认定，对有关责任方作出以下处理：项目经理、副经理、机械负责人等7名责任人分别受到吊销执业资格、安全生产考核合格证书、上岗证等行政处罚并给予相应经济处罚；施工、监理、塔机拆装等单位受到降低施工资质等级、暂停投标资格、吊销安全生产许可证等行政处罚及相应经济处罚；责成当地有关责任部门向上级作出书面检查。

二、原因分析

1. 直接原因

塔吊进行爬升加节安装时，施工人员违反塔吊使用说明书中关于塔机顶升的操作程序。爬升套架上升至最大行程，塔吊上部结构处于不稳定状态。两个爬升轴右侧一个推到最里端起到支承作用，而左侧爬升轴未推到位，没起到支承作用。在左侧爬升轴未进入工作位置的情况下，拆除内套架下端与标准节的连接螺栓，在此状况下起动爬升电机，内套架沿齿条上升脱离标准节的瞬间，塔吊上部结构的载荷由两爬升齿轮转换到完全由右侧爬升轴承担，上部重心向左侧发生偏移。同时，由于平衡臂侧不平衡力矩过大，上部的不平衡力矩在标准节上承担的力臂长度减小，造成标准节与滚轮接触处轮压过大，标准节承担不了塔吊上部的瞬间下坠冲击和滚轮轮压突然增大的载荷变化，左侧后主弦杆下部最先变形失稳，致使塔吊上部结构倾翻坠落。

2. 间接原因

（1）施工现场管理混乱，塔吊顶升违反《建设工程安全生产管理条例》、《塔式起重机拆装管理暂行规定》和《建筑机械使用安全技术规程》的相关要求。施工总承包单位违法违规，将承接的工程交给不具备法定资质的个人，且管理不力。安装使用单位安全管理不善，使用不具备塔吊安装资格的人员安装塔机，严重违反塔吊安装相关规定。监理单位不履行监理职责，对违规安装塔机未制止、不报告。

（2）拆装人员对塔吊的构造、原理不清楚，安全意识淡薄。另外，顶升作业前，距塔机250m有一处爆破作业，导致施工人员承受了一定的心理压力，上塔后情绪不稳定，对塔吊所处的状态没

有认真检查就匆忙开始工作。

（3）塔吊使用说明书对塔机顶升配平未明确规定配平质量、幅度。套架设计过短，套架爬升过程中的安全保护考虑不足。塔吊的外套架四套锁紧装置也存在严重缺陷，已失去应有的功能，顶升时由导向轮承担不平衡力矩。

（4）塔吊发生事故时装有3块配重，每块重1167kg，共约3500kg。按照说明书的相关参数，计算得出塔机在无风非工作状态下的不平衡力矩为240.4kN·m，接近塔机最大起重力矩250kN.m，显然与《塔式起重机设计规范》中"回转塔式起重机应按塔身受载最小的原则确定平衡重质量"的要求不相符合，也使塔吊在升降塔身顶升作业时难于将起重臂和平衡臂配平衡，使顶升作业时不平衡力矩过大。

三、事故教训

（1）事故塔吊本身就带有严重缺陷，其外套架四套锁紧装置已失去应有的功能，埋下了事故隐患。但已经安装使用了两个多月，竟无人过问，按安全使用规程要求，在安装前必须对塔机进行全面检查，但此项工作无人做。

（2）施工人员大部分无操作资格，不具备从事此项工作的基本能力。

（3）施工现场管理混乱，安装过程无任何监管和检查。此外，在进行顶升作业的过程中，临近地点还同时进行爆破活动，对作业造成一定的干扰。

这是一起由于违反塔吊顶升操作程序造成爬升套架锁紧装置失效而引发的生产安全责任事故。事故的发生暴露出该工程机械管理工作失控、缺少日常检查、违章冒险作业等问题。我们应认真吸取教训，做好以下几方面工作：

（1）加强设备选型、施工用人的审查和管理。这起事故，是典型的队伍无资质、人员无能力、施工无方案、过程无监督的"四无"事故。塔吊本身已存在致命缺陷,根本不具备出租和使用条件。2006年,建设部已下发了塔机使用寿命限制性文件,按塔吊的分类规定了相应的安全使用年限,对超过年限的,明确指出必须经过安全评估合格后才能投入使用,而该事故塔吊按此规定已超龄服役。

(2)加强施工过程的管理与控制。首先要健全和完善塔吊安全管理制度,强化塔机拆装资质、人员上岗资格、能力管理,严禁非法分包。施工单位、监理单位以及当地政府相关部门都应加强起重机械生产、拆装和施工的全过程监督管理,有效防止无资质、无方案、无审批、无监管拆装塔吊。

4.18 北京市朝阳区"2·27"起重机料斗坠落事故

一、事故简介

2006年2月27日,北京市朝阳区某地铁工程施工现场发生一起电动单梁起重机料斗坠落事故,造成3人死亡。

事发当日,5名施工人员在竖井下施工,其中3人在竖井底部进行清运土方作业。3时左右,使用的电动单梁(悬挂)起重机在提升过程中冲顶,吊钩滑轮组与电动葫芦的护板发生严重撞击,导致电动葫芦钢丝绳断裂,致使料斗从井口处坠落至井底(落差约18m),将3名在井底进行清土作业的人员砸伤致死。

根据事故调查和责任认定,对有关责任方作出以下处理:施工单位项目设备负责人、劳务队长、电动单梁起重机司机3名责任人

移交司法机关依法追究刑事责任；施工单位经理、项目经理、监理单位项目总监等 8 名责任人分别受到罚款、吊销执业资格、记过等行政处罚；施工、监理、劳务等单位分别受到了降低施工资质、停止在北京市建筑市场投标资格 12 个月或 3 个月的行政处罚。

二、原因分析

1. 直接原因

吊钩滑轮组未设置有效的钢丝绳防脱槽装置。钢丝绳脱槽后被挤进滑轮缺口处受剪切，并在吊钩滑轮组冲顶联合作用下，导致钢丝绳断裂，料斗坠落，造成人员死亡。

2. 间接原因

（1）施工单位安排电动单梁（悬挂）起重机吊装作业，现场未设置专职信号指挥人员。对劳务分包单位缺乏有效管理，以包代管。在施工过程中，对作业现场缺乏监督和检查。

（2）施工单位对电动单梁（悬挂）起重机缺乏管理，对电动单梁（悬挂）起重机运行、安全状况的检查不到位，在电动单梁（悬挂）起重机上限位装置和导绳器被拆除、滑轮存在严重的径向缺口等安全隐患下，仍安排进行吊装作业。致使设备带病运行。

（3）电动单梁（悬挂）起重机操作人员不具备特种作业操作资格。作业人员违章在起吊料斗下方作业，作业面交叉严重，违反了基本的施工要求。

（4）分包单位对劳务人员的安全生产教育和培训不到位，对特种作业人员从业资格审查管理不严，作业人员不能掌握相关安全知识，操作不熟练。

（5）监理单位未认真履行安全生产监理职责，对施工现场长期没有专职信号工指挥起重机作业、电动单梁（悬挂）起重机带病运行未予以纠正。

三、事故教训

（1）在设备安全管理方面，对设备上存在的隐患要彻底地加以整改（按照规范要求对吊钩滑轮组设置防脱槽装置，安装好上限位装置和导绳器），并定期检查起重机运行状况。

（2）在强化安全措施方面，要进一步落实安全生产责任，做到警钟长鸣。一是起重作业是特殊工种，作业人员必须经过专业培训，考核合格后才可进行上岗作业；二是管理者对起重作业的安全操作规程要严格执行，对司机的习惯性违章作业行为必须坚决加以制止；三是项目部要提高安全意识，安全管理工作是人命关天的大事，杜绝"三违"是减少安全事故的最有效措施之一，应立足防范，加强管理，排查隐患，及时查处纠正违章指挥行为，以保证作业场所安全；四是要规范施工现场管理，尤其是要加强劳务分包队伍的管理，坚决杜绝以包代管或包而不管的行为；五是加强对施工现场作业人员的安全教育培训，提高其安全知识水平和安全防护意识；六是项目总监应认真履行监理的安全生产职责。

这是一起由于单梁起重机滑轮组未设防脱槽装置，导致钢丝绳脱槽受剪断裂而引发的生产安全责任事故。事故的发生暴露出该工程设备管理工作存在严重缺陷、施工人员安全教育不到位、日常检查缺失等问题。我们应认真吸取教训，做好以下几方面工作：

（1）加强机械设备的管理：

①机械设备管理工作在建设工程项目日常管理中是弱项，由于专业性强，往往会疏于管理。为此，应适当配备机械设备专业人员协助项目进行管理，这些专业管理人员应熟悉相关标准规范、赋予相关权利和责任。

②应针对不同设备特点加强机械设备管理，使各种机械设备得以合理使用。提高机械设备完好率。加强机械的保养，逐台建立设

备档案，从使用年限到设备现状，从每次现场检验结果到每次定期的大修检验结果都应列入档案，由设备主管部门每年提出管理意见。

③对起重机械除按照大修后进行结构检验外，还应定期进行全面检查，加强对作业现场设备的日常检查，对维修的设备必须组织验收合格后方可投入使用，坚决杜绝设备设施带病运行。

（2）加强对特种设备作业人员的管理和培训：

①严格审查特种作业人员的从业资格，杜绝不具备特种作业资格人员从事特种作业操作。

②起重设备操作人员必须经培训考核合格持证上岗，必须具备使用保养知识，具备对起重设备使用规定的正确理解，具备对违章行为制止的素质，具备发生意外情况时有紧急处理的能力。

（3）加强施工现场管理：

①建立健全施工现场特种设备管理制度，施工现场的各种安全设备必须定期进行检查和维护，及时消除隐患。

②严格遵守安全操作规程，在施工过程中严格遵守国家有关安全生产规范、规程，严禁违章指挥和违章作业。

③加强对劳务队伍的管理，配备足够数量的安全管理人员，加强对劳务人员施工过程的管理。

4.19

江苏省无锡市"1·11"塔机倒塌事故

一、事故简介

2006年1月11日，无锡市某商住公寓工程施工现场，发生一起塔式起重机倒塌事故，造成4人死亡、4人受伤。

该工程为框架混凝土结构，建筑面积7.3万 m²，合同造价5000万元。工程基础土方工程由建设单位直接发包给无施工资质的某基础工程有限公司。事故发生时，正在进行基础土方施工，深基坑挖土尚未完成。为了安装塔式起重机，在南段中部先行局部开挖一个9.0m×9.0m、深11.5m的基坑，塔式起重机型号为QTZ-80G，采用独立固定式基础，基础5.6m×5.6m×1.35m，塔身安装自由高度34.2m，加塔顶6.3m，起重臂臂长55m，平衡重14.2t。塔式起重机基坑南侧为小平台陡坡，西侧接近垂直，无支护措施。

塔式起重机安装完毕后，未经检测机构检测开始使用。同时，在工程南段继续开挖土方，白天将土堆置于塔式起重机基坑西、南面及基坑内，塔身下段西南侧用竹篱笆挡土，由塔式起重机基础起，堆土高约7m~8m，晚间利用塔式起重机和挖土机进行运土，且坡顶存放桩机和挖土机。1月11日20时左右，边坡发生坍塌，土方量约有500m²，坍塌的土方对塔式起重机产生了巨大的冲击，使其向东北方向倒塌，压垮农民工宿舍，导致人员伤亡。

根据事故调查和责任认定，对有关责任方作出以下处理：土方分包单位现场负责人移交司法机关依法追究刑事责任；总包单位项目经理、塔吊班长、总监理工程师代表等15名责任人分别受到吊销执业资格、吊销岗位证书、暂停执业资格、罚款等行政处罚；总分包、建设、监理等单位分别受到罚款、1年内停止在该市承接工程等行政处罚。

二、原因分析

1. 直接原因

塔式起重机深基坑坍塌的土方对塔式起重机造成冲击。经计算，塔身柱脚段受到的水平侧压力约为180t，而设计承载力为10t，塔身柱脚弯矩约485t·m，而设计承载力210t·m，远超过塔式起

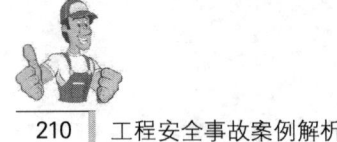

重机设计承载力，致使柱脚方钢管破坏，导致塔式起重机倾覆。

2. 间接原因

（1）建设单位违法分包，肢解工程，将土方施工违法指定分包给无资质的施工单位，将桩基础施工违规指定发包，造成总承包单位无法有效履行总承包管理职责，不能对现场施工安全开展有效协调管理。未组织3家施工单位签订安全生产协议。

（2）基础工程有限公司无资质承担工程，项目负责人无证上岗，违章指挥，坑边大量堆土；各项安全管理制度不健全，不落实，编制的施工组织设计未经监理审批，就开始组织进行施工，作业区域内有塔式起重机未编制专项施工方案，未制定相应的安全技术措施。作业前未进行安全教育及安全技术交底；未能对安全工作实施有效管理；未设专职安全生产管理人员。

（3）施工单位在塔式起重机基础施工过程中，未按规定放坡且在基坑西侧违规堆土。当两侧出现裂纹且有塌方的情况下未采取有效措施，而是继续进行挖掘作业。

（4）监理单位未能有效地履行监理职责，对放坡不到位和西南侧堆土过高、边坡裂缝存在塌方危险，虽提出过意见但未督促施工单位整改。

（5）该市建设机械施工有限公司按建设单位要求，编造虚假资料，在申报的工程承接范围中包含了土方施工单位的土方工程，并缴纳了该土方施工部分的规费，致使无资质的公司能在工地实施挖土作业。另外，该塔式起重机未经检测机构检测开始作业。

三、事故教训

（1）法律意识淡薄。建设单位无视《中华人民共和国合同法》、《中华人民共和国建筑法》、《建筑企业资质管理规定》等有关法律法规和规章，肢解工程，违法分包。

（2）安全管理存在死角。施工单位安全检查走过场，隐患整改浮于表面，在现场存在诸多重大隐患的情况下，未采取有效措施予以消除。

（3）侥幸心理严重。某基础工程有限公司无土方施工资质，违法承揽工程，项目负责人无证上岗，同时违章指挥，致使现场存在重大隐患。

（4）监理不到位。监理单位虽提出过意见，但未督促施工单位整改，未能有效地履行安全生产监理职责。

这是一起由于土方坍塌导致塔式起重机倾覆的生产安全责任事故，事故的发生暴露出该工程土方施工管理失控、安全检查缺失、建设单位违法肢解发包工程等问题。我们应认真吸取教训，做好以下几方面工作：

（1）总包单位对施工现场的安全管理负总责。要建立健全安全生产管理规章制度，加强管理人员安全培训教育，同时还应认真组织安全检查，及时消除事故隐患。

（2）必须加强建设单位违法行为的监管。这起事故中，建设单位本应认真执行国家有关法律法规和规章，提高法律意识，选择合格分包方，依法发包。由于肢解工程，非法发包，违法指定桩基础施工单位，致使施工总承包单位难于协调、管理。土方施工单位为承揽工程，协助建设单位，申报虚假资料，严重违反有关法律法规，结果得不偿失。总承包单位起重机械在未经检测的情况下，应拒绝塔式起重机的配合作业，在现场存在多处重大隐患时，应组织有关单位立即进行整改，并将违法行为上报。

（3）必须提高监理单位的监督效能。作为监理单位，应加强安全生产监督检查，及时发现、清退不具备相关资质的分包单位。为使工程项目按施工合同顺利建成，在维护业主正当权益的同时，监理也应维护承包商的正当权益，发现现场存在的安全隐患，要立即通知有关单位，进行彻底整改，拒不整改的，应立即上报，有效地履行安全生产监理职责。

4.20 塔吊安全事故

一、事故简介

(1) 2011年4月15日上午10:40分许,六安市城东皖西大道一小高层建设工地发生塔吊吊臂倒塌事故,造成1人死亡、2人受伤。伤者随后被营救,送医抢救。据悉,当时3名当事工人正在这栋18层大楼上拆解塔吊,突然发生事故。

(2) 2011年4月16日浙江临安一建筑工地发生塔吊倾覆事故,造成5人死亡。4月16日上午9点左右,某公司在某市某路某工地塔吊升降过程中,发生塔吊倒塌事故,现场3名人员当场死亡,2名重伤者经医院全力抢救无效后死亡。

(3) 2011年4月19日下午2点20分左右,某建筑工地发生起重事故,该施工现场在塔吊升降过程中发生事故,2名作业人员从12米高的塔吊上坠落,1人当场死亡,另外1人在抢救过程中经医院全力抢救后无效死亡。

(4) 2011年4月27日湖南省娄底市一施工塔吊拦腰折断,造成驾驶员身亡。

(5) 2011年5月23日21时30分左右,河北省张家口市怀来县,由某公司承建的怀来县沙城镇和祥家园南区住宅小区2号楼发生塔吊坍塌事故,经事故调查组查证核实,建设单位、施工单位资质合法,开发及建设程序合法,塔吊初装单位具备资质,塔吊经有资质检测单位检测合格后使用。

(6) 2011年6月12日15时23分,呼和浩特市赛罕区国际金融大厦工程在塔吊安装过程中产生塔机平衡臂倾覆事故，造成5人死亡。该事故给人民群众生命财产造成重大损失，在社会引起负面影响。

（7）2011年6月14日，位于重庆市黔江区山台山的一建筑工地在拆除塔吊时，突然发生倒塌事故，20多米高的塔吊轰然倒塌，造成1人当场死亡、3人不同程度受伤，其中1人伤势较重当时已送医院抢救。

（8）2011年7月10日上午10时30分，某工地住宅楼施工现场，工人拆卸塔吊过程中发生塔吊倒塌事故，有3人在事故中死亡。7日中午，临桂世纪大道附近的"奥林匹克花园"小区一栋正在建设的楼房，一座高几十米的塔吊突然倾倒，砸破了工地上的一个厨房。

二、原因分析

通过对以上八起塔机重大事故原因分析，建筑施工企业存在着安全生产责任制不够落实、安全生产资金投入不够、施工现场安全生产防护防范不到位、施工人员自身素质差、从业人员安全生产意识淡薄、习惯性违章违规操作时常发生，施工现场安全检查不彻底、存在盲区和盲点，施工现场安全生产管理得不到有效落实等因素是导致事故发生的重大原因。

实际运行中导致事故发生的具体因素：

（1）塔吊生产厂家质量及技术设计存在缺陷，导致事故发生。

（2）塔吊基础制作时，砼强度、地基承载力、预埋件、平整度等达不到国家相关技术规范标准要求，易造成塔身倾斜、塔吊倾翻。

（3）塔吊顶升、附着、安拆过程中发生安全事故：

①无针对性的安全技术交底及相应的组织机构，盲目作业，缺乏相互配合，违反安拆规程及作业程序，违章指挥，冒险蛮干。

②塔吊存在的事故隐患未及时发现及排除，在顶升、安拆过程中导致事故的发生。

③附着设施安装存在焊缝、结构件、预埋件等不合格，存在安全隐患。

（4）塔吊使用过程中限位失灵，未及时排除造成安全事故。

（5）施工现场多塔作业，相邻两塔之间的塔机作业半径有重叠现象，导致碰撞造成事故。

（6）坠物事故。在吊物过程中，由于绑扎方法不当、吊钩内钢丝绳滑脱或钢丝绳断裂等原因，吊物坠落，造成物体打击事故。

（7）特种作业人员无证上岗，塔吊司机、信号工、司索工无特种作业人员操作证书就上岗操作。由于安全意识淡薄，操作技能低下，操作时出现违章行为、违规行为，加之项目监管不到位，最终导致事故的发生。

三、事故教训

机械设备的安全使用与管理是一个复杂的综合性课题，要充分认识到安全生产的重要性、长期性、艰巨性和复杂性，始终高度重视安全生产工作。除了把好管、用、养、修关之外，还必须做好各级机械管理人员、项目部现场管理人员、机械操作人员、维修人员之间的配合，做到有章可循、有据可查，并注重强化各级人员的安全意识，提高业务素质和技术水平，使用、维护、保养严格执行规程、规范、标准。具体措施如下：

（1）强化操作人员、指挥人员及现场施工人员的安全意识，牢固树立"安全第一、预防为主"的思想。坚持每年两次全体员工集中培训学习和新员工进场前的安全教育，日常工作中加强对操作人员的安全思想教育。

（2）塔吊基础制作阶段严格把关，各方面技术要求不得低于国家及厂家规定的标准。项目部在塔吊进场前必须提供合格的基础检验技术资料（砼试块、地耐力、钢筋隐蔽报告等），方可组织设备进场安装。

（3）成立专门的安拆队伍，安拆人员全部持证上岗，塔吊的安装、拆除、顶升、附墙等作业，全部由自有专业队伍完成。

（4）严格执行安全技术交底制度，针对特殊作业项目制定专项作业方案，作业过程中严格按规定程序进行，并有专人负责监督实施。多塔作业必须编制相对应的防范技术措施。

（5）加大设备的维修保养制度，确保机械设备处于良好的技术状态运行，严禁设备带病作业。

（6）坚持持证上岗制度。各操作人员、指挥人员需取得特种人员上岗证，加强对项目部安全员、信号工等配合塔吊使用的相关人员进行针对性的专业技术培训，懂得相关的安全操作规程，熟悉捆绑、拴挂要求和正确的指挥信号。

5 高处坠落安全事故案例

5.1 天津市宝坻区"11·30"高处坠落事故

一、事故简介

2008年11月30日,天津市宝坻区紫金泉城二期住宅楼工程在施工过程中,发生一起高处坠落事故,造成3人死亡、1人重伤。

该工程建筑面积7797m², 框剪结构, 地上18层(标准层2.9m), 地下1层, 建筑高度52.2m。事故发生时正在进行16层主体结构施工。当日8时左右, 4名施工人员在16层电梯井内脚手架上拆除电梯井内侧模板时, 脚手架突然整体坠落, 施工人员随之坠入井底。

根据事故调查和责任认定,对有关责任方作出以下处理:项目经理、副经理2名责任人移交司法机关依法追究刑事责任;项目经理、监理单位经理、项目总监等5名责任人分别受到暂停执业资

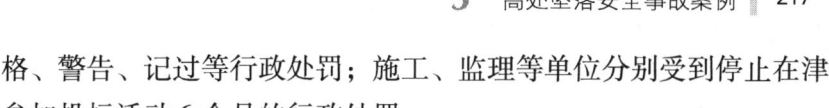

格、警告、记过等行政处罚；施工、监理等单位分别受到停止在津参加投标活动6个月的行政处罚。

二、原因分析

1. 直接原因

电梯井内脚手架采用钢管扣件搭设，为悬空的架体，上铺木板，施工中没有按照支撑架体钢管穿过剪力墙等技术要求搭设。未对搭设的电梯井脚手架进行验收；电梯井内没有按照有关标准搭设安全网，操作人员在脚手架上进行拆除模板作业时产生不均匀的荷载，导致脚手架失稳、变形而坠落。

2. 间接原因

（1）施工单位对工程项目疏于管理，现场混乱，有关人员未认真履行安全职责，安全检查中没有发现并采取有效措施消除存在的事故隐患；没有对电梯井内拆除模板的操作人员进行安全培训和技术交底；在没有安全保障的条件下安排操作人员从事作业。

（2）监理公司承揽工程后未进行有效的管理，指派无国家监理执业资格的人员担任项目总监理工程师的工作；现场监理人员无证监理，对模板施工方案、安全技术交底、电梯井内脚手架验收等管理不力，对电梯井内脚手架搭设、安全网防护不符合规范要求等事故隐患，及施工中冒险蛮干现象未采取措施予以制止。

三、事故教训

（1）建立健全安全生产责任制。安全管理体系要从公司到项目到班组层层落实，切忌走过场。切实加强安全管理工作，配备足够的安全管理人员，确保安全生产体系正常运作。

（2）进一步加强安全生产制度建设。安全防护措施、安全技术交底、班前安全活动要全面、有针对性，既符合施工要求，又符合安全技术规范的要求，并在施工中不折不扣地贯彻落实。施工安全必须实行动态管理，责任要落实到班组，落实到每一个施工人员。

（3）进一步加强高处坠落事故的专项治理，高处作业是建筑施工中出现频率最高的危险性作业，事故率也最高，无论是临边、屋面、外架、设备等都会遇到。在施工中必须针对不同的工艺特点，制定切实有效的防范措施，开展高处作业的专项治理工作，控制高处坠落事故的发生。

（4）加强培训教育，提高施工人员安全意识，使其树立"不伤害自己，不伤害别人，不被别人伤害"的安全理念。

这是一起由于电梯井内悬空架体支撑杆件失效而引发的生产安全责任事故。事故的发生暴露出施工单位管理失控、现场混乱、安全检查缺失等问题。我们应认真吸取教训，做好以下几方面工作：

（1）要重视施工过程各环节安全生产工作。这起事故中，电梯井内搭设的脚手架，由于体量小，未能引起足够重视，搭设和使用既无方案也没交底，搭设的脚手架与电梯井结构未做牢固连接，最终发生事故。要有效防止此类事故，施工企业必须加强安全管理，消除隐患。

（2）要认真贯彻执行各项安全标准和规范。高处作业要制定专门的安全技术措施，要编制脚手架搭设（拆除）方案、现场安全防护方案；严格安全检查、教育和安全设施验收制度，对查出的问题及时消除，要强化各级人员安全责任制的落实；严格考核制度，考核结果要与其经济收入挂钩，提高安全生产的主动性、积极性。同时还要按照《建筑施工安全检查标准》和《施工现场高处作业安全技术规范》的要求做好洞口、临边和操作层的防护，并按规定规范合理布置安全警示标志。要保证安全设施的材质合格，安全设施使用前，必须进行验收，验收合格后方可使用。另外，施工人员在电梯井内平台作业，要控制好人员数量，避免荷载过于集中。

（3）要切实加强安全生产培训教育。建筑施工企业应认真吸取事故教训，加强安全生产技术培训和安全生产知识教育，提高从业人员专业素质和安全意识。认真进行各工种操作规程培训和专业技术知识培训，尤其是对高处作业人员进行有关安全规范的培训，增强自身专业技术能力，以减少因技术知识不足造成的违章作业。

5.2 宁夏回族自治区银川市"10·7"高处坠落事故

一、事故简介

2008年10月7日，宁夏回族自治区银川市建发大厦A座工程施工现场电梯井内发生一起高处坠落事故，造成3人死亡，直接经济损失67.86万元。

该工程建筑面积为30000m^2，合同造价3266.8万元。当日上午7时左右，分包单位混凝土班班长安排5名施工人员清理大厦公寓第19层楼梯间和电梯井的混凝土及垃圾。中午下班后，班长一直未见上述人员回来吃饭，于是便安排人到施工现场进行查找。查找人员在19楼电梯井口发现有两人的工具和1件上衣，逐层寻找之后，在-2层地下室电梯井内发现1名工人被埋，经过搜救，又找到2人，经法医确认3人均已死亡。

根据事故调查和责任认定，对有关责任方作出以下处理：项目经理、监理单位总监代表、混凝土班班长等11名责任人受到撤职、罚款等行政处罚；施工、监理、劳务等单位分别受到暂扣安全生产

许可证、暂扣监理资质证书6个月、吊销施工资质证书的行政处罚;责成政府有关责任部门向市政府作出深刻检查。

二、原因分析

1. 直接原因

(1)劳务分包单位混凝土班班长违章指挥非专业人员进入危险区域冒险作业;施工人员违反劳动纪律在没有采取任何安全防护措施的情况下进入电梯井清渣。

(2)劳务分包单位施工的电梯井安全防护设施设计不合理、不牢固,措施不到位。

(3)总承包单位对工程安全设施没有进行认真全面的检查验收,对存在的重大安全隐患未能及时地进行整改,未执行行业主管部门停工整改的通知。

2. 间接原因

(1)现场安全管理混乱,建设、监理、施工单位对安全管理工作重视不够,没有严格履行安全管理职责,安全隐患排查整改不力。建设单位虽然在建设施工合同中明确与总承包单位安全生产管理的责任,但对总承包单位安全生产工作管理不到位,未认真履行协调管理的责任。

(2)施工总包单位现场管理人员职责不清,工程施工中存在违法分包和"以包代管"问题。施工人员安全培训教育不到位,安全意识淡薄,施工现场存在"三违"现象。

(3)监理单位没有严格履行监理责任,对施工现场存在的重大安全事故隐患没有按照规定采取措施。

三、事故教训

　　这是一起由于工程建设各方主体安全管理混乱,施工人员冒险作业而造成的事故。通过对事故原因的分析,可以反映出在施工过程中,不仅没有落实必要的安全防护措施为施工人员的安全提供必要的保障。更为严重的是,施工人员自身在施工过程中,也缺乏必要的安全意识。内外两方面的因素最终直接导致了事故的发生。当然,这和工程建设相关各方在安全管理方面的态度是密切相关的。建设、施工单位都存在"以包代管"的问题,没有积极地参与到工程的安全预防中去。监理单位也没有发挥相应的监督作用。劳务分包单位使用未经安全教育培训的人员进行作业,多重因素最终引起了悲剧的发生。

　　我们应认真吸取教训,做好以下几方面工作:

　　(1) 参建各方要强化建筑施工安全管理工作。这起事故的发生反映了建筑市场一种常见的现象"以包代管"。在本工程中,建设和总包单位对于分包出去的工程的安全管理有所放松,缺少严格要求。在工程管理中,建设和总承包单位都没有按照相应的法律法规中的要求去参与安全管理工作,监理单位也没有对现场的安全生产情况进行认真检查,未能发现隐患并及时要求整改。劳务分包单位使用无相应资格和专业技术的施工人员进行作业,安全教育不到位。

　　(2) 建设单位要严格履行法定建设程序。依法办理、完善各类前期手续,不得违规建设,不得向其他参建方提出不符合安全生产法律法规和强制性标准规定的要求。在工程合同条款和预决算中,要保证安全生产措施费用的落实。同时,要指定专职安全生产管理人员加强对建筑施工企业的现场的安全管理,及时发现和纠正施工现场存在的安全隐患,确保生产安全。

　　(3) 施工单位要完善制度措施。个别施工单位将工程转包给

劳务公司后，对安全管理放松了要求。针对这种现象，施工单位要认真贯彻执行有关安全生产的法律法规、行业标准和操作规程，不折不扣地落实各项安全生产责任制，进一步建立和完善各项安全生产管理规章制度。

（4）监理单位要认真贯彻落实《建设工程安全生产管理条例》。首先要明确自身安全生产监理职责，严格组织施工设计审查，特别是加强对危险性较大的分部分项工程的安全专项施工方案安全技术措施的审查，加强现场巡检，发现安全隐患及时要求整改，并加强与有关部门的联络，及时反映情况。

（5）建设主管部门要高度重视，针对突出主题切实采取有效措施加以防范。一是要进一步加强对建筑市场的综合整治力度，重点检查监理单位是否按照监理规范要求对工程建设项目实施全过程有效管理。二是要切实加强对施工单位资质的管理，尤其是要加强对建筑劳务企业资质的管理和监督。三是要加强对施工现场的日常监督检查，促进其生产安全各项工作的有效开展。

5.3 四川省绵阳市"2·21"高处坠落事故

一、事故简介

2006年2月21日，四川省绵阳市富临丽景花城二期工程施工现场在施工过程中，发生了卸料平台垮塌事故，造成3人死亡，间接经济损失46.8万元。

当天上午7时左右，4名模板组施工人员在11层将所收捡的木料码放在11层北面卸料平台后，又到毗邻卸料平台作业。9时左右,塔机指挥员到达北面卸料平台指挥塔机臂转到北面卸料平台上方,两人即到北面卸料平台捆扎木料,在作业过程中卸料平台突然垮塌,塔机指挥员、2名施工人员随之坠落。

根据事故调查和责任认定,对有关责任方作出以下处理:施工单位外架作业班长移交司法机关依法追究刑事责任;施工单位总经理、项目经理、监理单位项目总监等7名责任人分别受到罚款、暂停执业资格等行政处罚;施工、监理等单位受到罚款等行政处罚。

二、原因分析

1. 直接原因

卸料平台搭设未按照《卸料平台施工组织设计(方案)》实施。卸料平台架体悬挑两端未按方案要求设置钢丝绳进行拉接。卸料平台的4根挑杆未与楼层锚固环有效连接,卸料平台承受荷载后无法抵抗卸料平台的倾覆力矩。卸料平台的挑杆错误地与原防护外架相连,这一错误的搭设方法掩盖了挑杆未与楼层锚固环连接这一重大隐患,事发前一天外架被拆除,卸料平台受荷后无法抵抗倾覆力矩。卸料平台架体悬挑两端未按方案要求设置钢丝绳进行拉接。

2. 间接原因

(1) 作业班组长安排3名无特种作业操作资格证的人员从事卸料平台的搭建,搭建前未向其提供卸料平台的设计方案,搭建时未到现场进行指挥,搭建好后未认真验收。施工单位对从业人员的"三级"教育不落实,施工现场管理混乱,安全技术交底不落实、不规范,对外架班组的管理失控,使用无特种作业操作资格证的人员搭设卸料平台,平台搭设完后未组织检查验收,未及时发现、排除重大安全隐患就投入使用。

(2) 监理单位对该工程《卸料平台施工组织设计(方案)》

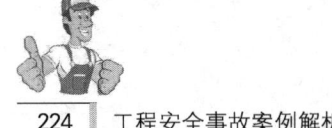

的审查不严格认真，未能发现设计（方案）的缺陷，未能对工程实现有效的管理。

三、事故教训

施工过程中的危险性较大的分部分项工程施工，都必须严格按照施工组织设计或专项施工方案的设计要求进行。特别是对于卸料平台、脚手架、电梯井平台等这些临时性设施的制造、搭设，不能因为它们只是为了施工过程中的某个阶段临时使用，而放松要求。施工现场的任何一个环节一旦出现问题都将是致命的。

这是一起由于违反卸料平台搭设方案、平台挑梁未与主体结构连接而引发的生产安全责任事故。事故的发生暴露出该工程日常安全生产管理不到位、隐患排查整改不力等问题。我们应认真吸取教训，做好以下几方面工作：

（1）必须切实加强卸料平台设计、安装、使用全过程的安全管理。卸料平台是承重结构，按照《建筑施工高处作业安全技术规范》要求，搭设前，必须按照结构和荷载情况进行设计计算，平台荷载直接传递与工程主体结构，不允许和脚手架、龙门架等架体和设施进行连接。施工单位应严格贯彻执行国家相关法律、法规的规定，配备专职安全管理人员，认真落实安全生产责任制，严格施工现场安全管理，按规定组织施工，加强对从业人员资格审查和安全教育培训工作。项目负责人及管理人员应认真履行安全管理职责，加强对施工现场的安全检查力度，加强对作业班组的管理，发现问题及时整改处理。

（2）必须切实加强施工安全过程的检查监督。大部分企业使用的卸料平台均为定型产品，而这起事故中，是由脚手架体上向外悬挑而出，这种做法本身存在隐患，应禁止使用。监理单位应严格贯彻执行《中华人民共和国安全生产法》、《建设工程安全生产管理条例》等法律法规，按照《建设工程监理规范》的规定，认真组织对建设施工单位实施监理，加强对施工组织设计中安全技术措施和专项施工方案的审查。

（3）必须切实加强对违法行为的监管和查处。对专业性较强的工程，如脚手架、模板、起重吊装和塔吊、施工电梯、钢井架的安装、拆除都要编制安全专项施工方案，并严格按照方案施工。各有关职能部门要进一步加强对在建施工项目的安全检查，强化监察执法，及时纠正、查处生产过程中的违法违章行为。

5.4 脚手架上高处坠落事故

一、事故简介

（1）某公司制药厂旧厂房维修工地，在外墙窗口抹灰时，脚手架扣件突然断裂，架体横杆塌落，正在作业的2位工人从3楼摔下，1名死亡、1名重伤。

（2）某公司机械厂住宅楼工地，一抹灰工在5层顶贴抹灰用分格条时，脚手板滑脱发生坠落事故，坠落过程中将首层兜网系结点冲开，撞在一层脚手架小横杆上，抢救无效死亡。

（3）某公司玫瑰园小区住宅楼工地，外包队工人在拆除北侧外脚手架时，在未系安全带的情况下，进行拆除作业，不慎坠落，经送医院抢救无效死亡。

（4）某公司胜利花园3号住宅楼工地，一架子工在翻脚手架板时，从14米高处坠落至地面死亡。

（5）某公司金属结构分公司海螺型材技改工地，一工人在5m高脚手架上，给横梁用冲击钻打眼时，由于冲击钻后坐力使他后

仰，坠落地面，经抢救无效死亡。

（6）某公司华西新区 32 号住宅楼工地，一架子工在南部 6 楼脚手架上作业时，因没戴安全带失控坠落，砸破二层兜网，撞在阳台边沿后，掉在首层兜网内，经医院抢救无效死亡。

（7）某公司兴安小区 3 号住宅楼工地，一架子工在四层脚手架上进行拆除作业时，未系安全带，不慎失足坠落地面，经医院抢救无效于 12 点死亡。

（8）某公司检察院侦技楼工地，一架子工在搭设外墙脚手架时，违反操作规定擅自到北立面作业，从 13m 高处坠落，造成重伤。

（9）某建筑工程处福泰小区 3 号住宅楼工地，一抹灰工在东山墙四层顶位置安装石膏线时，不慎石膏线掉下，砸在脚手架上，将脚手板砸翻，工人顺墙坠落，造成重伤。

（10）某区新住宅楼外立面粉刷工地，一粉刷工清早上架至五层时，由于架体淋雨湿滑，在向上移动时未系安全带，脚下打滑踩空后坠地，当场昏迷，一周后死亡。

二、原因分析

（1）作业人员安全意识淡薄，自我保护能力差，冒险违章作业。一是架子工从事脚手架搭设与拆除时，未按规定正确佩带安全帽和安全带。许多作业人员自恃"艺高人胆大"，嫌麻烦，认为不戴安全帽或不系安全带，只要小心一些就不会出事，由此导致的高处坠落事故时有发生。二是作业人员危险意识差，对可能遇到或发生的危险估计不足，对施工现场存在的安全防护不到位等问题不能及时发现。

（2）脚手架搭设不符合规范要求。建设部行业标准《建筑施工扣件式钢管脚手架安全技术规范》（JGJ130—2001）已经于 2001年 6 月 1 日起正式实施。该规范属于强制性标准，在脚手架的设计

计算、搭设与拆除、架体结构等方面提出了许多新的要求。但在部分施工现场,脚手架搭设不规范的现象仍比较普遍,一是脚手架操作层防护不规范;二是密目网、水平兜网系结不牢固,未按规定设置随层兜网和层间网;三是脚手板设置不规范;四是悬挑架等设置不规范,由此导致了多起职工伤亡事故的发生。

(3)脚手架材质不符合要求,使用前未进行必要的检验检测。有的施工单位为了省钱,购置一些不符合国家质量标准的钢管及扣件。有的施工单位对施工脚手架扣件等材料不能及时检查和养护,对材料质量把关不严,造成材料质量存在安全隐患。

(4)脚手架搭设与拆除方案不全面,安全技术交底无针对性。项目部重视施工现场、忽视安全管理资料的现象比较普遍,应当编制专项安全技术方案的专项施工工程,如脚手架搭设与拆除、基坑支护、模板工程、临时用电、塔机拆装等,不编制施工方案,或者不结合施工现场实际情况,照抄标准、规范,应付检查。安全技术交底仍停留在"进入施工现场必须戴安全帽"的层次上,缺乏针对性。工程施工中凭个人经验操作,不可避免地存在事故隐患和违反操作规程、技术规范等问题,甚至引发伤亡事故。

(5)安全检查不到位,未能及时发现事故隐患。在脚手架的搭设与拆除和在脚手架上作业过程中发生的伤亡事故,大都存在违反技术标准和操作规程等问题,但施工现场的项目经理、工长、专职安全员在定期安全检查、平时检查中,均未能及时发现问题,或发现问题后未及时整改和纠正,对事故的发生负有一定责任。

三、事故教训

(1)加强培训教育,提高安全意识,增强自我保护能力,杜绝违章作业。安全生产教育培训是实现安全生产的重要基础工作。企业要完善内部教育培训制度,通过对职工进行三级教育、定期培训,开展班组班前活动,利用黑板报、宣传栏、事故案例剖析等多种形式，加强对一线作业人员，尤其是农民工的培训教育，增强安全意识，掌握安全知识，提高职工搞好安全生产的自觉性、积极性和创造性，使各项安全生产规章制度得以贯彻执行。脚手架等特殊工种作业人员必须做到持证上岗，并每年接受规定学时的安全培训。《建筑施工扣件式钢管脚手架安全技术规范》规定，"脚手架搭设人员必须是经过按现行国家标准《特种作业人员安全技术考核管理规则》（GB5036）考核合格的专业架子工。上岗人员应定期体检，合格者方可持证上岗》。《建筑安装工人安全技术操作规程》规定，进入施工现场必须戴安全帽，禁止穿拖鞋或光脚。在没有防护设施的高空、悬崖和陡坡施工，必须系安全带。正确使用个人安全防护用品是防止职工因工伤亡事故的第一道防线，是作业人员的"护身符"。

（2）严格执行脚手架搭设与拆除的有关规范和要求：

①脚手架作业层防护要求：

a. 脚手板：脚手架作业层应满铺脚手板，板与板之间紧靠，离开墙面120mm～150mm；当作业层脚手板与建筑物之间缝隙大于150mm时，应采取防护措施。脚手板一般应至少两层，上层为作业层，下层为防护层。只设一层脚手板时，应在脚手板下设随层兜网。自顶层作业层的脚手板向下宜每隔12m满铺一层脚手板。

b. 防护栏杆和挡脚板：均应搭设在外立杆内侧；上栏杆上皮高度应为1.2m；挡脚板高度180mm；中栏杆应居中设置。

c. 密目网与兜网：脚手架外排立杆内侧，要采用密目式安全网全封闭。密目网必须用符合要求的系绳将网周边每隔45cm系牢在脚手管上。建筑物首层要设置兜网，向上每隔3层设置一道，作业层下设随层网。兜网要采用符合质量要求的平网，并用系绳系牢，不可留有漏洞。密目网和兜网破损严重时，不得使用。

②连墙件的设置要求。连墙件的布置间距除满足计算要求外，也不应大于最大间距；连墙件宜靠近主节点设置，偏离主节点的距离不应大于300mm；应从底层第一步纵向水平杆开始设置，否则

应采用其他可靠措施固定；宜优先采用菱形布置，也可采用方形、矩形布置；一字形、开口型脚手架的两端必须设置连墙件，连墙件的垂直间距不应大于建筑物的层高，并不应大于4m；高度24m以下的单、双排架，宜采用刚性连墙件与建筑物可靠连接，亦可采用拉筋和顶撑配合使用的附墙连接方式，严禁使用仅有拉筋的柔性连墙件；高度24m以上的双排架，必须采用刚性连墙件与建筑物可靠连接；连墙件中的连墙杆或拉筋宜水平设置，当不能水平设置时，与脚手架连接的一端应下斜连接，不应采用上斜连接。

③剪刀撑设置要求。每组剪刀撑跨越立杆根数为5~7根；高度在24m以下的单、双排脚手架，必须在外侧立面的两端各设置一组，由底部到顶部随脚手架的搭设连续设置；高度24m以上的双排架，在外侧立面必须沿长度和高度连续设置；剪刀撑斜杆应与立杆和伸出的横向水平杆进行连接；剪刀撑斜杆的接长均采用搭接。

④横向水平杆设置要求。主节点处必须设置一根横向水平杆，用直角扣件扣接且严禁拆除；作业层上非主节点处的横向水平杆，宜根据支承脚手板的需要等间距设置，最大间距不应大于纵距的1/2；使用钢脚手板、木脚手板、竹串片脚手板时，双排架的横向水平杆两端均应采用直角扣件固定在纵向水平杆上。

⑤脚手架拆除要求：

第一，拆除前的准备工作：全面检查脚手架的扣件连接、连墙件、支撑体系是否符合构造要求；根据检查结果补充完善施工方案中的拆除顺序和措施，经主管部门批准后实施；由工程施工负责人进行拆除安全技术交底；清除脚手架上杂物及地面障碍物。

第二，拆除时应做到：拆除作业必须由上而下逐层进行，严禁上下同时作业；连墙件必须随脚手架逐层拆除，严禁先将连墙件整层或数层拆除后再拆脚手架，分段拆除高差不应大于2步，如大于2步应增设连墙件加固；当脚手架拆至下部最后一根长立杆的高度时，应先在适当位置搭设临时抛撑加固后，再拆除连墙件；当脚手

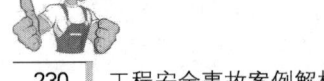

架分段、分立面拆除时，对不拆除的脚手架两端，应按照规范要求设置连墙件和横向斜撑加固；各构配件严禁抛掷至地面。

（3）加强脚手架构配件材质的检查，按规定进行检验检测。多年来，由于种种原因，大量的不合格的安全防护用具及构配件流入施工现场，因安全防护用具及构配件不合格而造成的伤亡事故占有很大比例。因此，施工企业必须从进货的关口把住产品质量关，保证进入施工现场的产品必须是合格产品，同时在使用过程中，要按规定进行检验检测，达不到使用要求的安全防护用具及构配件不得使用。

脚手架钢管应采用国家标准《直缝电焊钢管》（GB/T13793）或《低压流体输送用焊接钢管》（GB/T3092）规定的3号普通钢管，质量符合《碳素结构钢》（GB/T700）中Q235-A级钢的规定。冲压钢脚手板、连墙件材质应符合《碳素结构钢》（GB/T700）中Q235-A级钢的规定，木脚手板材质应符合《木结构设计规范》（GBJ5）中Ⅱ级材质的规定。连墙件扣件材质应符合《钢管脚手架扣件》（GB15831）的规定。旧钢管使用前要对钢管的表面锈蚀深度、弯曲变形程度进行检查。旧扣件使用前应进行质量检查，有裂缝、变形的严禁使用，出现滑丝的螺栓必须更换。

（4）制定有针对性的、切实可行的脚手架搭设与拆除方案，严格进行安全技术交底。

安全防护方案是规定施工现场如何进行安全防护的文件，所以必须根据施工现场的实际情况，针对现场的施工环境、施工方法及人员配备等情况进行编制，按照标准、规范的规定，确定切实有效的防护措施，并认真落实到工程项目的实际工作中。

脚手架搭设施工方案就包括如下内容：

①编制依据：主要是《建筑施工扣件式钢管脚手架安全技术规范》（JGJ130—2001）、《建筑施工安全检查标准实施指南》、工程施工组织设计、施工图纸等。

②工程概况及施工条件。

③脚手架结构形式选择、基础处理、搭设要求、杆件间距、连墙件设置位置、连接方法,并绘制施工详图及大样图。

④落地式外脚手架的搭设高度超过规范规定的要进行设计计算,设计计算的内容包括纵向、横向水平杆等受弯构件的强度和连接扣件的抗滑承载力计算;立杆的稳定性计算;连墙件的强度、稳定性和连接强度的计算;立杆地基承载力计算等。

对50m以下的常用敞开式单、双排脚手架,采用规范规定的构造尺寸,且符合构造规定时,相应杆件可不再进行设计计算。但连墙件、立杆地基承载力等仍应根据实际荷载进行设计计算。

当搭设高度在25m~50m时,应从构造上对脚手架整体稳定性进行加强:纵向剪刀撑必须连续设置,增加横向剪刀撑,连墙件强度相应提高,间距缩小,以及在多风地区对搭设高度超过40m的脚手架,考虑风涡流的上翻力,应在设置水平连墙件的同时,还应有抗上翻流作用的连墙措施等,以确保脚手架的使用安全。

当搭设高度超过50m时,可采用双立杆加强或采用分段卸荷,沿脚手架全高分段将脚手架与梁板结构用钢丝绳吊拉,将脚手架的部分荷载传给建筑物承担;或采用分段搭设,将各段脚手架荷载传给由建筑物伸出的悬挑梁、架承担,并经设计计算。

多层悬挑的脚手架,必须经设计计算确定。其内容包括:悬挑梁或悬挑架的选材及搭设方法,悬挑梁的强度、刚度、抗倾覆验算,与建筑结构连接做法及要求,上部脚手架立杆与悬挑梁的连接等。悬挑架的节点应该采用焊接或螺栓连接,不得采用扣件连接作法。

吊篮脚手架的设计制作应符合 JG/T5032—93《高处作业吊篮》及《编制建筑施工脚手架安全技术标准的统一规定》,并经企业技术负责人审核批准。当使用厂家生产的产品时,应有产品合格证书及安装、使用、维护说明书等有关资料。其设计计算包括:吊篮及挑梁应进行强度、刚度和稳定性验算,吊篮平台及挑梁结构按概率权限状态法计算,提升机按容许应力法计算。施工方案中必须对阳

台及建筑物转角处等特殊部位的挑梁、吊篮设置予以说明，并绘制施工详图。

　　附着式升降脚手架的使用具有比较大的危险性。对生产或经营附着式升降脚手架产品的，要经相关单位组织鉴定，发放生产和使用证，并经使用本产品的当地安全监督管理部门审查认定。施工单位自己设计自己使用的，使用前要向当地安全监督机构申报，并经审查认定。使用附着式升降脚手架必须按规定编制专项施工组织设计，其内容不但要结合施工现场作业条件，还要针对提升工艺进行编制，包括附着式升降脚手架的设计、施工及检查、维护、管理等全部内容。

　　⑤脚手架搭设方案必须由有资格的人员（施工现场技术负责人）编制，经上一级技术部门、安全部门审核，公司或分公司技术负责人审批后执行。施工方案应与施工现场搭设的脚手架类型相符，当现场因故改变脚手架类型时，必须重新修改脚手架方案并经审批后，方可施工。方案经审定后，必须遵照执行，不得随意变更。如遇特殊情况，需要变更的，应由编制人出具变更通知单、审批人签发后方可生效。

　　⑥严格执行安全技术交底制度。安全技术交底工作，是施工负责人向作业人员进行职责落实的法律要求，要严肃认真地进行，不能流于形式。安全技术交底在正式作业前进行，不但口头讲解，同时应有书面文字材料，并履行签字手续，施工负责人、生产班组、现场安全员各留一份。安全技术交底主要包括两方面的内容：一是在施工方案的基础上进行的，按照施工方案的要求，对施工方案进行细化和补充；二是要将操作者的安全注意事项讲明，保证操作者的人身安全。交底内容不能过于简单、千篇一律口号化，应按分部分项工程和针对作业条件的变化具体进行。

　　（5）落实安全生产责任制，强化安全检查。安全生产责任制度是建筑企业最基本的安全管理制度。建立并严格落实安全生产责任制，是搞好安全生产的最有效的措施之一。安全生产责任制要将企业各级管理人员、各职能机构及其工作人员和各岗位生产工人在安全生产方面应做的工作及应负的责任加以明确规定。工程项目经理部的管理人员和专职安全员，要根据自身工作特点和职责分工，严格执行定期安全检查制度，并经常进行不定期的、随机的检查，对于发现的问题和事故隐患，要按照"定人、定时间、定措施"的原则进行及时整改，并进行复查，消除事故隐患，防止职工伤亡事故的发生。

脚手架检查、验收应根据技术规范、施工组织设计及变更文件和技术交底文件进行。在基础完工后及脚手架搭设前、作业层上施加荷载前、每搭设完 10m~13m 高度后、达到设计高度后、遇有六级大风与大雨后、寒冷地区开冻后、停用超过一个月后，均要组织检查与验收。脚手架使用中，应定期检查下列项目：

杆件的设置和连接，连墙件、支撑、门洞桁架等的构造是否符合要求；地基是否积水，底座是否松动，立杆是否悬空；扣件螺栓是否松动；立杆的沉降与垂直度的偏差是否符合规范规定；安全防护措施是否符合要求；是否超载。

5.5 黑龙江"5·15"高处坠落事故

一、事故简介

2011 年 5 月 15 日 10 时左右，由 A 公司总承包建设的九三局直生态家园住宅小区（以下简称"生态家园"）A15 号楼一单元 5 楼，发生一起高处坠落一般生产安全责任事故，造成从业人员李某、刘某、臧某、曹某、吴某受伤，其中李某经医院抢救无效，在

事发后2小时左右死亡，造成直接经济损失103.4万元。

二、原因分析

经过对事故原因的调查分析，认定这是一起高处坠落一般生产安全责任事故。

1. 直接原因

经A公司现场检测确认，生态家园A15号楼一单元5楼阳台板未按原设计进行施工，不满足设计承载要求，是造成事故发生的直接原因。

2. 间接原因

（1）A公司项目部安全管理混乱，未认真履行安全生产管理职责，以包代管，督促检查安全生产工作不力，未及时消除安全生产隐患。

（2）A公司项目部，未认真履行安全生产岗位责任制，对阳台板浇筑作业现场监督检查不力，造成施工质量不合格。

（3）A公司项目部在施工期间，B监理有限责任公司曾多次提出事故隐患整改要求，并下达《工程暂停令》（见附件），均未引起重视并及时进行整改。2011年以来，施工单位擅自拆除了水平安全网和密目网，致使发生事故时人员坠落无防护，加重了人员伤亡程度。

（4）A公司项目部未按照《生产经营单位安全培训规定》对新上岗的从业人员进行安全教育培训。

（5）A公司项目部未按照《劳动防护用品监督管理规定》为从业人员配备必要的劳动防护用品，并督促、教育从业人员正确佩戴和使用劳动防护用品，致使发生事故时无任何防护。

三、事故教训

此次事故的后果是严重的，教训是惨痛的，为切实吸取事故教训、举一反三，杜绝此类事故的再次发生，黑龙江农垦泰兴建筑工程有限责任公司以及管理局建设主管部门应采取以下措施：

（1）要认真总结和吸取事故教训，依据有关法律、法规和标准立即组织开展一次全面安全生产检查，及时消除事故隐患。

（2）A公司要认真履行安全生产的主体责任，进一步完善和落实安全生产责任制、安全生产规章制度和各工种操作规程，进一步加强对施工现场的安全管理。

（3）A公司要按照《劳动防护用品监督管理规定》建立健全劳动防护用品购买、验收、保管、发放、使用、报废管理制度，为从业人员配备符合国家标准或行业标准的劳动防护用品，并督促、教育从业人员正确佩戴和使用。

（4）A公司要认真组织从业人员对《安全生产法》、《黑龙江省安全生产条例》、《建设工程安全生产管理条例》和《生产经营单位安全培训规定》等有关安全生产法律、法规的学习，加强安全教育与培训，提高从业人员的安全意识，坚决杜绝"三违"现象的发生。

（5）A公司要按照《特种作业人员安全技术培训考核管理规定》，保证特种作业人员持证上岗。

（6）A公司要加强劳动组织管理，制定并严格执行好对外包工队的承包、管理制度，严格落实安全生产的有关规定，杜绝以包代管。

（7）建议对生态家园住宅楼阳台，全面进行检测，施工质量不合格的坚决予以整改，彻底消除安全隐患，保证住户安全入住。

（8）负责建设工程质量监督的有关部门要认真履行职责，加强对在建工程现场的安全生产监督管理工作，确保不发生生产安全事故。

6 其他安全事故案例

6.1 安徽省合肥市"7·9"中毒事故

一、事故简介

2008年7月9日,安徽省合肥市龙塘CNG加气站工程施工现场发生一起中毒事故,造成3人死亡,直接经济损失约160万元。

该工程位于合肥市肥东县青年工业园内。5月28日,建设单位与施工单位签订了工程施工合同。6月13日,施工单位技术负责人将加气站土建工程发包给了某自然人,该自然人又将挖孔桩基础工程转包出去。7月9日下午,施工人员两人组进行挖孔桩作业,16时左右,一井下施工人员突然昏倒,井口看护人及相邻孔井施工人员有2人下孔井施救,先后中毒死亡。

根据事故调查和责任认定,对有关责任方作出以下处理:项目技术负责人、桩基工程负责人、桩基项目承包人3名责任人移交司法机关依法追究刑事责任；施工单位法人、项目经理、监理单位项目总监等8名责任人分别受到吊销执业资格、罚款等行政处罚；建设、施工单位受到相应经济处罚。

二、原因分析

1. 直接原因

（1）事故桩井位于原池塘填埋区域中心，池塘原有生物体和生活垃圾在填埋期间因厌氧发酵产生大量H_2S，形成H_2S聚集点。造成3人死亡的直接原因是H_2S中毒。

（2）施工单位在施工前未对孔井下的有害气体进行检测，也没有采取任何有效的防护措施。

2. 间接原因

（1）建设单位未认真履行基本建设程序，在没有办理施工许可和工程质量、安全监督手续的情况下组织开工建设。将工程发包给不具备资质的单位施工。提供的现场勘验报告不完善，同时未将经审批的施工图设计文件交由施工和监理单位。

（2）施工单位不具备土建资质，违规承揽工程；施工现场安全管理不严，安全管理人员不在岗；桩井施工未制定施工方案，未进行安全技术交底；对施工作业人员未按规定进行安全教育培训；对项目实行以包代管。

（3）施工作业人员安全生产知识匮乏，自我保护意识薄弱，在有人中毒后盲目施救，导致事故扩大。

（4）监理单位对承接的监理项目未履行安全生产监理职责，对建设单位基本建设程序不完善、施工单位项目管理人员不到位、未制定安全专项施工方案、未履行安全技术交底、非法转包等行为没有及时制止。

三、事故教训

（1）下桩井作业，一怕塌方，二怕中毒。工程项目建设中，凡是此类施工，首先建设单位一定要委托专业单位做好现场勘验报告；其次施工单位要制定完善的专项施工方案，并在施工前向每一位施工人员进行安全技术交底；最后就是监理单位一定要从勘验文件、施工方案、现场监督等各个环节把好关，严防事故发生。

（2）井下作业发生中毒是极易造成群死群伤的事故，施工人员看到工友中毒，往往救人心切，不采取任何防护措施，盲目下井救人，导致事故后果的进一步恶化。这样的情况几乎每年都会发生，所以，针对这类施工人员一定要做好类似事故案例的教育。

这是一起由于有限空间作业缺少安全防护措施而引发的生产安全责任事故。事故的发生暴露出施工单位对于有限空间作业的危险认识不足，安全防护措施不到位，且存在违法承揽专业工程并组织施工生产等问题。我们应认真吸取教训，做好以下几方面工作：

（1）人工挖土桩工程对于施工人员来说是一项劳动强度大且比较危险的作业。井下作业面临的危险主要是中毒、窒息和塌方。因此这类施工在其安全专项施工方案中一定要把安全措施做细、做实，便于实施。

（2）加强施工过程的安全管理。施工单位应从这起事故中吸取深刻教训，全面加强企业安全生产管理，严格履行安全生产职责，加强隐患排查治理工作，及时消除事故隐患，防范事故发生。监理单位要严格履行法律、法规所规定的安全生产责任，加强工程项目安全监理工作。建设单位要增强履行工程建设基本程序的意识，落实建设单位安全生产责任，督促监理、施工单位加强对施工现场安全生产管理，确保工程施工安全。

（3）建立救援预警机制。这起案例也再一次说明了事故应急救援预案的重要性，施工现场要有总体应急救援预案，还要做好关键施工节点、施工部位的专项应急救援预案，并且不能将预案视为一纸空文，特别是专项预案，要便于一线施工人员掌握、实施。另外要定期开展应急救援预案的演练，教育施工人员在有人中毒的情况下，不要盲目开展救援，要科学施救，防止次生事故的发生。

6.2 湖北省武汉市"5·1"物体打击事故

一、事故简介

2008年5月1日，湖北省武汉市东湖高新技术开发区"光谷1号"一期工程在施工过程中，发生一起物体打击事故，造成5人死亡，直接经济损失约195万元。

该工程建筑面积59494.2m^2，合同造价6700万元。事故发生在该工程1标段的西2号楼，该楼为框剪结构，共31层（地下1层），事发时已施工至14层。

当日，12层楼在进行施工钢管的转运工作，2名施工人员在卸料平台上正准备捆扎钢管进行转运时，固定卸料平台斜拉钢丝绳的1根预埋管发生折弯，卸料平台向右侧倾斜，平台上的2名作业人员和堆放的钢管一同坠落，坠落的钢管砸在下方作业的3名施工人员身上。

根据事故调查和责任认定，对有关责任方作出以下处理：项目副经理、项目监理工程师2名责任人移交于司法机关依法追究刑事责任；施工单位副经理、项目经理、监理单位项目总监等10名责任人分别受到记过、开除留用察看一年、警告等行政处分；施工、监理等单位分别受到罚款、暂停招投标资格等行政处罚。

二、原因分析

1. 直接原因

钢管运转人员盲目进行堆放作业,在卸料平台上堆放钢管的总重量超过卸料平台的规定荷载2.37倍,造成固定卸料平台斜拉钢丝绳的预埋钢管因受强力发生折弯,导致卸料平台倾斜,使转运人员连同钢管坠落,并砸向下方作业人员,酿成事故。

该卸料平台位于第12层,其主要支撑力来源于两根套在第13层预埋钢管上的斜拉钢丝绳,为防钢丝绳滑落,预埋钢管上设置了直角扣件,钢丝绳应套在直角扣件的下方。经对现场的勘验表明,事发前,卸料平台垮塌一侧的钢丝绳,没有套在直角扣件的下方,而是套在上方。当套在预埋钢管上的钢丝绳因卸料平台荷载超重而导致预埋钢管折弯时,由于没有直角扣件管束,造成钢丝绳从预埋钢管上直接滑脱。

2. 间接原因

(1) 施工现场安全管理不到位,转运钢管前,未进行安全技术交底;对卸料平台超重和起重物下方交叉作业等违规行为,未进行有效制止;以包代管,将卸料平台交由不具备特种作业资格的人员搭设。

(2) 施工现场安全责任制不落实,卸料平台搭建后,未按照规定进行安全检查和验收,隐患未被发现;施工人员运转钢管时,现场安全管理人员缺位;未按照国家有关法律法规的规定,规范从业人员的安全教育,违规安排无特种作业操作证的人员上岗。

三、事故教训

（1）通过对事故原因的分析，建筑施工企业应切实落实施工现场的安全生产责任制，同时，做好安全技术交底工作，加强对施工现场人员的安全教育培训工作。

（2）施工现场是一个集中了大量材料、人力、机械设备的生产场所，且施工过程中往往避免不了空间、时间上的交叉作业，建筑施工的这些特点对于安全生产工作来说都是极为不利的因素，如何制定切实有效的措施，确保交叉作业过程中施工人员的安全应该是现场安全管理的一个重点。

这是一起由于卸料平台超载倾覆而引发的生产安全责任事故。事故的发生暴露出该项目部卸料平台管理存在严重缺陷、安全检查不到位等问题。我们应认真吸取教训，做好以下几方面工作：

（1）卸料平台是施工现场材料转运处，设计是否合理、安装是否可靠、使用管理是否符合要求，不仅关系到施工生产能否顺利进行，更直接影响生产安全。这起事故中的卸料平台没按照规定在其明显处注明限定重量及使用要求，平台长时间超载作业无人过问，终致发生事故。

（2）高处作业要制定专门的安全技术措施，要编制专项安全防护方案；严格安全检查和安全设施验收制度，对查出的问题及时消除，要强化各级人员安全责任制的落实。特别是建筑施工企业应加强对施工现场的卸料平台等设备设施的安全检查，严格对照国家建筑施工的安全规范，排查事故隐患，确保使用和运行安全；加强对施工现场安全防护的检查，确保各项防护措施落到实处；加强危险性较大工程安全管理，确保方案、措施、检查三落实；加强对作业人员的安全教育，切实提高从业人员的安全意识和技能；加强外包工程和劳务队伍的安全管理，坚决杜绝"以包代管"和"包而不管"的现象。

（3）在不断强化施工和监理安全管理的同时，进一步规范建设单位安全责任显得越来越紧迫。建设单位要按照《建设工程安全生产管理条例》的有关规定，确保安全措施经费的落实，切实履行安全管理职责。要督促对施工单位和监理单位加强安全管理工作，确保工程施工安全。

（4）越是在建筑施工过程中存在不规范行为的时候，越是显示出监理工作尤为重要。监理单位要加强对危险性较大工程和安全防护措施以及设施、设备的监管力度。对于发现的隐患，要及时督促施工单位整改。对于施工单位整改不到位或拒绝整改的，要及时报告有关主管部门。

6.3 南宁市"8·9"物体打击事故

一、事故简介

2014年8月9日，南宁市某市政项目，施工吊车将管道从沟槽底垂直吊起，逆时针移动到地面距沟槽边2m、离地1m高的位置时，管道右侧的钢插销突然脱出，砸至第4节管道，造成躲在第4节管道的2人当场死亡。

二、原因分析

（1）起吊挂钎安装不牢固。

（2）工人违规滞留在吊装作业半径内（躲在第4节管道）。

（3）起重司机违规在吊装作业半径内作业人员未撤离的情况下进行吊装作业，现场无人指挥。

三、事故教训

(1) 吊装时应远离作业半径区域，避让危险。
(2) 吊装应配备现场的协调指挥人员，并听从其统一指挥。

6.4 内蒙古自治区巴彦淖尔市"7·2"中毒事故

一、事故简介

2005年7月2日，内蒙古巴彦淖尔市某污水合流排洪应急工程自流排水管道的观察井中发生一起硫化氢气体中毒事故，造成4人死亡、1人轻伤，直接经济损失70万元。

该工程铺设自流管道全长3600m，加压流排水管网全长6322m。该工程由于资金少，没有投标单位，当地政府于2005年5月14日委派排污管理站负责该工程管网、泵站工程的实施，由其水务局负责污水蓄滞池的实施。该排污管理站将承接的3600m自流管道工程分成两段，分别发包给两个从事排污管道输送维护的承包人。

7月2日上午，3名施工人员在事故观察井北段800余米处修整渠背和路面，工作即将结束时，1人来到该观察井边，吸入浓烈的毒气窒息昏迷，头向下栽入井中，随后跟来的两人为了救援，1人先下井，另一人用手机向承包人报告后也随后下井。接到通知之后，承包人和另外3人赶到现场，又有2人先后下去救援，都陷入昏迷，最终除1人经抢救脱离危险之外，其余人员均中毒死亡。

根据事故调查和责任认定，对有关责任方作出以下处理：现场监理、排污管理站业务组长等 4 名责任人分别受到暂停执业资格、记过、警告等行政处罚；监理单位被判承担伤亡人员经济补偿部分费用。

二、原因分析

1. 直接原因

（1）该工程的管道封闭注水试漏取用了大量的工业废水，污水在管道中封闭滞留的时间较长，事发时正处于高温季节，经过化学反应产生了大量的 H_2S，由于 H_2S 比空气比重大，滞留在管道与观察井内。

（2）承包人未对其施工人员进行基本的安全培训教育，对已经发现的隐患也没有及时向施工人员传达，致使其违反操作规程，在没有任何防护的情况下查看观察井下情况，瞬间吸入大量高浓度的气体而造成急性中毒后坠入井中死亡。

（3）在事故发生之后，其余 4 人在不具备安全救援知识的情况下，又先后下井进行救援，导致事故扩大。

2. 间接原因

（1）建设单位对于工程建设，没有严格按照法定程序确定施工单位、办理施工许可手续，将工程发包给无相应资质、条件的排污管理站实施建设。加上管理站对外转包，导致安全管理缺失。

（2）监理单位未按《施工组织设计方案》中的安全保护措施监督各道工序的进展情况，对拆除管堵时发现的安全问题一无所知，更谈不上发现隐患并采取纠正措施。

（3）该排污管理站承担了污水自流管道工程的任务之后，对具体的危险隐患监管控制不力，未按照规定采取警示、教育和必要的防护措施。

三、事故教训

这起事故的发生，主要是因为建设单位在选择施工单位的过程中没有按照《中华人民共和国安全生产法》、《建设工程安全生产管理条例》的要求，挑选有资质、有条件的施工单位。而且在发包过程已违规的情况下，各相关单位仍然在具体施工环节上，特别是出现安全隐患时反应迟钝，对施工人员的违规操作行为没有按照排污管道安全管理制度与操作规程及时制止、纠正。

这是一起由于有限空间作业未采取必要的安全防护措施导致施工人员中毒的生产安全责任事故。事故的发生暴露出建设单位违法组织工程建设、施工人员冒险蛮干等问题。我们应认真吸取教训，做好以下几方面工作：

（1）健全完善市场准入制度。从事城镇排污管道、设施施工作业与疏通维护的单位与个人必须取得相应的资质和职业资格上岗证书，对施工人员必须进行安全技能和操作规程的培训教育。政府相关部门必须把好市场准入和人员考核及持证上岗关。

（2）进一步依法规范工程建设发包行为。建设工程对外发包时，必须按照规定认真审查承包方的资质条件，必须依法与承包方签订安全生产管理合同，明确管理职责，发包建设方必须依法履行统一管理、协调、监督检查的责任，坚决杜绝"以包代管"和"三违行为"的发生。而此项目中，为了加快建设，建设单位对于工程的发包，没有按照《中华人民共和国建筑法》、《建设工程安全生产管理条例》等法律法规进行操作，在资金不足、无人前来投标的情况下，政府直接将工程进行了委派。而接受委派的单位在明知私人劳务分包队不具备相应资质和技术水平的前提下，违规将工程进行分包。

（3）重点加强危险环节的监督与控制。城镇给水排水、供热、

燃气管网的施工中，危险区段作业前，必须由工程项目安全管理人员进行安全技术交底，指明可能存在的危险因素，采取相应的安全防护措施，配齐规定的防护用品，做好安全警示标志和防护照明设施。作业人员深入排污井、坑、管道内操作时，必须先对工作场所探查，摸清其结果、特点及有害气体情况，按照标准化规范处理，从事管道封堵、拆除、疏通工序时要做强通风换气等防护准备工作，禁止使用各种污水进行试水检验。

6.5 河北省石家庄市"5·31"触电事故

一、事故简介

2005年5月31日，河北省石家庄市电机科技园专特电机生产厂房工程在施工过程中，发生一起触电事故，造成3人死亡、3人轻伤，直接经济损失约25万元。

事发当日，分包单位10名施工人员进行室内顶棚的粉刷作业，作业采用长、宽均为5.7m，高11.25m，底部设有刚性滚动轮的移动式方形操作平台。19时左右，在未对操作平台底部地面上的塑料电缆线采取任何保护措施的情况下，施工人员移动操作平台，平台的刚性滚动轮与塑料电缆线斜向碾压，将塑料电缆绝缘层轧破造成平台整体带电，导致正在平台上作业的6名施工人员触电。

根据事故调查和责任认定，对有关责任方作出以下处理：项目经理、监理工程师、现场电工等13名责任人受到暂停执业资格、吊销上岗证书、罚款等行政处罚；总分包、监理等单位受到暂扣安全生产许可证、降低施工资质等级等行政处罚。

二、原因分析

1. 直接原因

（1）施工人员在移动操作平台时，既未将电缆线电源开关切断，也没有采取任何防止轧坏电缆的保护措施，强行推动操作平台，致使轮子轧破电缆，造成触电事故。

（2）移动式操作平台3个滚动轮，包括东北角碾压塑料电缆的刚性滚动轮防护胶套均已脱落，没有及时进行更换修理。

（3）发生事故时结构内混凝土地面已浇筑完毕，正处于浇水养护阶段，地面上的积水加重了触电事故的后果。

（4）塑料电缆线未经漏电保护器就直接接在总隔离开关上，漏电保护缺失，不能自动切断电源。

（5）在主体工程完工之后，对重新敷设的临时用电线路没有按照《施工现场临时用电安全技术规范》的要求规范设置，而是在地面上随意敷设。

2. 间接原因

（1）施工单位对于安全生产的认识淡薄，安全生产管理存在重大漏洞，对各项规章制度执行情况监督管理不力，尤其是对施工现场存在事故隐患、职工冒险、违章作业等行为不能及时发现并消除。安全技术措施针对性差，安全技术交底未能有效落实，对分包单位的安全生产工作统一协调和管理不到位。

（2）安全教育不到位，对职工未进行有效的"三级安全教育"，导致其缺乏必要的安全和技术基本素质。施工人员对作业场所和工作岗位存在的危险因素缺乏足够的认识和了解，思想麻痹，心存侥幸，冒险违章作业，忽视防范措施，不能正确应对、判断并处理施工过程中的各种问题。

(3) 监理不到位，现场监督检查缺失。事发前两天，现场安全监理人员虽然提出了部分事故隐患要求，但是没有进一步予以落实。总包单位也没有对不按要求施工作业的行为进行纠正，对监理单位下达的隐患整改通知书没有引起高度重视，制止违章不力。

三、事故教训

这是一起由于安全管理措施落实不到位，施工人员缺乏必要的安全知识尤其是施工用电知识而导致的事故。相关人员对于施工过程中可能存在的安全隐患都没有得到充分的认识，在电源的使用、电线的保护、人员的防电等方面都缺乏必要的保护和防范的措施，这在很大程度上表现出施工人员没有接受过系统的安全教育，客观上不具备进行实际操作和施工的资格。这起事故反映出劳务分包、总包、建设和监理等单位对于安全生产工作的重视程度亟待提高。

这是一起由于临时用电线路缺乏保护，遭碾压后漏电而引发的生产安全责任事故。事故的发生暴露出该工程违反施工现场临时用电安全技术规范的相关要求、安全检查不到位、隐患排查整改不力等问题。我们应认真吸取教训，做好以下几方面工作：

（1）严格执行规范，加强监督检查。一般来说，在建设工程触电事故中，造成3人以上死亡的事故发生概率是相对较小的，但是这不能说明触电事故的预防不重要。施工现场临时用电安全管理工作一直以来都是现场工作重点之一。因此需要切实加强对施工现场的监督检查，认真执行检查制度，要对每一个作业程序进行全面的检查；做到人员职能到位、技术措施落实、确保施工用电安全。

（2）加强安全教育，提高安全意识。建设工程中的用电安全在当时的标准规范中，其预防和应对措施已经相对完善，只要施工人员能够较好地掌握了这些措施的相关内容，并在实际的施工过程中进行应用，施工工程的用电安全是可以得到保证的。在这起事故中，施工人员违反了用电安全的基本原则，才最终导致事故的发生。

（3）完善安全措施，提升管理水平。完善施工用电安全技术措施，对于用电设备及配电线路按照规定进行布置，从根本上消除事故隐患。

（4）强化监理工作，认真履行职责。监理单位及人员要严格履行法律法规赋予的责任，加大对施工现场安全生产工作的监督管理力度，把事故消灭在萌芽状态。

跋

《中共中央关于全面深化改革若干重大问题的决定》明确提出，要坚持走中国特色新型城镇化道路，推进以人为核心的城镇化，推动农业转移人口市民化。2014年，《住房和城乡建设部关于推进建筑业发展和改革的若干意见》提出要促进建筑产业工人队伍建设，建立以关键岗位自有工人为骨干、劳务分包为主要用工来源、劳务派遣为临时用工补充的多元化建筑用工方式。同年住建部发布了新版《建筑业企业资质标准》，明确要求施工总承包企业和专业承包企业要拥有一定数量的技术骨干工人，鼓励施工总承包企业拥有独资或控股的施工劳务企业。

正是在上述背景下，我们开始了建筑技术工人（动漫）系列教材的编写工作。

2015年6月27日，本套教材编写委员会在哈尔滨市召开会议，会议就教材编写背景、指导思想、目标、原则、任务、大纲体例、讲义内容和动漫制作要求等进行了深入讨论，达成了系列共识。

背景

按照党的十八大会议精神，职业资格认定政府职能转移势在必行，行业协会必须做好超前准备，迎接新形势的到来。职业资格从范围上分为专业技术人员类和技能人员类，这两类人员均对应全国职业分类大典职业划分标准；从性质上分为：准入类和水平评价类。准入类是行政许可，应当是行政机关履行的职能；而水平评价类则有可能转移到协会，即职业资格认定职能转移既包括专业技术人员，同时也涵盖技术工人。

指导思想

充分运用建筑信息模型（BIM）技术，培养一支素质高作风硬的建筑产业大军，为我国经济发展和社会进步做出应有贡献。

目标及原则

1. 目标。编制该套教材的目的是为承担政府职业资格认定职能转移做准备、打基础；同时也为建筑施工企业资质就位服务。

2. 原则。统一性原则：教材内容和难易程度不分地域，不分行业，标准是唯一的；先进性原则：该套教材不仅有传统纸质教材，还配套拍摄制作了动漫视频（课程），直观、动感地展现所学知识，易学易懂；实践性原则：建筑施工人员不仅要参加动漫教材的学习，同时还需参加工厂或者施工现场实际操作的考核；可操作性原则：面对量大面广的建筑施工人员，不要求其掌握高深的理论，只强调和突出实际操作能力的训练。

任务

主要任务有三项：编制一套建筑技术工人（动漫）

系列教材大纲,依据大纲编写一套教材,依据教材编写动漫脚本,作为制作动漫课程的依据。同时建议有关方面在全国建立一批建筑施工人员实际操作基地。

大纲要求

1. 定位。本套教材以建筑施工人员中级工技能为基础。

2. 内容。主要包括:材料、工具、设备、标准、工法、操作程序、操作规程和技术要点、政策法规、事故案例等。

3. 体例。大纲编写体例为纵向分解为准备阶段、施工阶段、检查验收阶段、维修保养阶段四章,每章分为章、节、目、条。教材以条为对象进行展开细化,主要施工环节、技术要点、工法和标准规范要求应囊括其中,条主要应描述符合法律法规、技术标准和操作规程的施工流程、工序搭接和施工结果,条也是动漫脚本的编写依据。

根据全国职业分类大典(草案)、建筑业企业资质标准和职业培训合格证书管理办法(建办人〔2015〕43号)中有关工种划分标准,确定编写25个工种动漫教材。

2015年8月22日,建筑技术工人(动漫)系列教材第二次主编会议在四川省都江堰市召开,会议检查了各工种大纲和教材的编写进度、主要问题,并就下一阶段工作进行了深入讨论。会议要求:

1. 要加快大纲和教材的编制进程,确保大纲和教材

具备分别独立出版、发行的条件。大纲和教材应当严格按照哈尔滨会议纪要要求进行修改和完善，确保格式和体例统一。

2. 各工种专业基础知识和建筑识图应尽量简化，可放在各工种教材准备阶段一章中编写。政策法规和标准规范及纯理论知识应尽量弱化。

3. 各工种大纲是教材编写的依据，教材是授课的依据，同时也是动漫脚本编制的基础和依据，所以教材主编或者是授课教师，或者是动漫制作人。

4. 目前本套系列教材为25个工种，其中部分工种又包含了若干小工种，会议决定暂不增加新的工种。如个别希望增加新工种的，原则上可将其揉合在自行负责编制的已有工种之中。

5. 涉及类似架子工、桩机工等可分为多个专业类别的，原则上应将所有专业类别的共性部分编制成一节，各专业类别特殊性部分可单列编写。

6. 动漫制作仅限于施工阶段施工人员操作部分，各主编只负责编写该部分动漫脚本。本套丛书除采用动漫形式外，还可以采取音频视频、录音录像和PPT、2D等多种媒体形式。

2015年11月15日，建筑技术工人（动漫）系列教材第三次主编会议在广西区南宁市召开，会议检查了各工种动漫脚本编制情况，就下一阶段工作进行了讨论。会议决定选择"模板工"和"钢筋工"进行3D动漫制作试点，积极探索，积累经验，为其他工种顺利进行动漫制作提供成熟经验；明确"爆破工"可以增加安全管

理和安全技术章节,但范围只限于本工种相关政策规定和技术要求;石作业内容编入"石工"工种书中,"砌筑工"书中剔出石作业内容,石雕划归"古建筑"工种;"机械设备安装工"分为通用设备和专业设备两部分,可参考《建设工程分类标准》中的机电部分内容进行适度调整。

2015年12月11日,建筑技术工人(动漫)系列教材动漫试点主编会议在北京华融大厦召开。会议检查了"钢筋工"、"模板工"、"机械设备安装工"动漫脚本编写情况,要求每个工种原则上增加常见的安全质量事故简介,采用视频的形式表现。建议动漫教材制作完成之后,选4~5家培训单位进行动漫教学试点。

2015年12月28日,建筑技术工人(动漫)系列教材制作试点会和动漫教学试点会议在江西省南昌市召开。会议认为"模板工"动漫脚本基本成熟,可以进行动漫制作试点;"钢筋工"动漫教材经过进一步细化,将6种绑扎方法改为动漫表现;会议要求各工种教材在技术交底部分可适当增加工程标准、规范和工法交底等内容。建议各工种要重视先进施工技术方法的应用,保证以先进施工技术为主,传统施工技术为辅,确保各工种施工技术处于前沿地位。会议讨论修改了《建筑技术工人(动漫)系列教材制作试点工作方案》和《建筑技术工人(动漫)系列教材制作试点工作计划》,宣布动漫制作试点工作正式拉开序幕。会议明确建筑技术工人(动漫)系列教材制作试点完成后,将组织专家对试点教材进行

评估和预验收，待进一步修改完善后交付教学试点。

同时，会议要求拟选定的培训机构应抓紧制订《建筑技术工人（动漫）系列教材教学实施方案》。方案基本内容包括：培训机构基本情况；教学试点目的、意义；教学试点原则；教学试点总体安排；教学试点人员安排和分工；教学试点生源组织和师资培训；工人考试、考核和档案记录；证书发放和管理；教学试点总结和评估；培训机构认为有必要说明的其他内容。会议要求各试点培训机构抓紧制订《建筑技术工人（动漫）系列教材教学实施计划》。

2016年2月28日，建筑技术工人（动漫）系列教材"钢筋工"、"模板工"初稿审定会在沈阳召开。会议演示了钢筋工、模板工动漫教材样片，动漫制作公司作了补充说明。会议就"钢筋工"、"模板工"样片进行了初步审查并提出了初审意见。会议明确各工种教材内容应参考《建筑工程施工职业技能标准》进行适当调整，符合中等建筑技术工人应知应会要求，语言简练、用词规范。会议重申各工种动漫视频必须以教材内容为依据，但又不是教材内容的简单翻版，动漫视频一定要突出工人操作技能检验和考核。要求各工种动漫视频总时长原则上不超过30分钟，确保实施阶段工人操作程序、操作步骤所需时间，弱化或删除与本工种工人操作无关的理论知识、计算公式、表格制图等，突出工人实际操作程序或者过程动作分解，必须清楚表明该工种工人操作的每一个实施步骤，以满足实际操作现场考核要求。

2016年2月29日，建筑技术工人（动漫）系列教材教学试点会在辽宁省沈阳市召开。会议就本系列教材教学试点工作进行了研究。会议认为开展试点工作不仅有利于检验动漫教材的创新性、先进性、实践性和可操作性，而且也有利于补充和修改完善该套动漫教材。要求参加教学试点单位按照统一考试大纲、统一动漫教材、统一师资培训、统一考试试卷和联合发证原则开展教学试点工作。会议明确教学试点单位师资自主选择，择优参加由建筑技术工人（动漫）系列教材编委会组织的统一师资培训。会议建议建筑技术工人采取"考试＋考核"的模式，"应知部分"知识以书面试卷检验学习效果，"应会部分"以现场考核作为检验标准。

2016年3月15日，建筑技术工人（动漫）系列教材主编会议在山东省济南市召开。会议就系列教材修订完善等深化工作进行了研究。会议要求各主编根据《建筑工程施工职业技能标准》相关规定对大纲和教材内容进行适当调整、补充和完善。各工种大纲分为五章，即准备阶段、施工阶段、检查验收阶段、维护保养阶段和本工种常见质量安全事故通病。会议敦促各工种按照"建筑技术工人（动漫）系列教材教学试点会议纪要"要求，抓紧考试试卷和考核表的制作。

2016年4月15日，建筑技术工人（动漫）系列教材《钢筋工》和《模板工》终审会及教学试点会在浙江省宁波市召开。会议就钢筋工、模板工动漫教材样片进行了终审并提出了修改意见，并就其教学试点工作进行了

部署。会议原则通过模板工及钢筋工动漫教材样片的审定,决定选择中恒建设集团、石家庄建筑业协会进行动漫教学试点。为了确保教学试点工作顺利进行,决定成立两个教学试点工作组,由协会、高校、培训机构、制作公司、施工企业派人组建,第一组由许孟斌牵头,协调石家庄建筑业协会组织教学试点工作;第二组由缪长江牵头,协调中恒建设集团组织教学试点工作。

2016年5月6日,建筑技术工人(动漫)系列教材教学试点启动会议在江西省南昌市召开。会议就建筑技术工人钢筋工、模板工动漫教学试点工作方案和教学工作计划进行了深入讨论。会议检查了动漫教材教学试点工作准备情况,认为钢筋工、模板工考试大纲、教材、动漫视频、试卷和考核表基本满足教学试点要求,可据此正式启动动漫教材教学试点工作。

2016年5月25—27日动漫教材教学试点在石家庄市和南昌市同时启动,石家庄市建筑业协会和中恒建设集团组织一百余名模板工和钢筋工开展了动漫教学试点,通过观看动漫、工人座谈、闭卷考试、现场实际操作考核、总结评价等,完成了动漫教学试点工作。参加教学试点的省市协会领导、专家学者、授课师资、工程技术和管理人员、一线操作工人座谈总结评价,大家一致认为:采取动漫教学方式,生动形象、直观明了、易学易懂,符合建筑一线工人的实际情况,深受一线操作工人的好评,值得在全行业推广应用。

2016年5月28—31日，建筑技术工人（动漫）系列教材审定会在北京召开，会议要求依据《建筑工程施工人员技能等级标准》和历次会议纪要精神，强调各工种教材体例必须统一，教材内容符合中级工定位要求，弱化纯理论、计算公式和图表制作，强化现场实际操作和动手能力的培训，通过纸质教材和动漫教材的结合，为培训一支合格的建筑产业大军贡献力量。

编委会

2019年5月